자전거 타기 좋은 날
마음챙김 습관

두 바퀴에 몸을 싣고 마음의 균형 찾기

자전거 타기 좋은 날
마음챙김 습관

닉 무어 지음 | 최린 옮김

페이퍼스토리

Contents

나를 찾아가는 여행

"무언가를 알고 싶으면, 그것에 관한 책을 쓰면 돼."

지금은 더 이상 우리와 함께하지 못하지만 가족이나 다름없었던 친구가 이런 말을 한 적이 있습니다.

이 책은 실용적 정보가 담긴 안내책도 아니고 자전거 타기나 마음챙김에 대한 책도 아닙니다. 선언문도 아니며, 무언가를 비판하기 위해서도 아니고, 그저 더 많이 행동하고, 더 많이 성취하고, 더 대단한 사람이 되어야 한다고 우리를 몰아세우는 수많은 책들에 대한 대안이 되었으면 하는 생각에서 시작되었습니다. 그런 희망으로 이 책을 썼습니다. 자전거를 타면서 마음의 균형을 찾는 것에 대해, 아니 어쩌면 삶 그 자체에서 마음의 균형을 찾는 것에 대해 고민해 보려 합니다. 마치 즐거움을 만끽하며 운전하는 것과 비슷하다고 할까요.

처음으로 자전거를 끌고 거리에 나선 사람들이나 오랫동안 자전거를 타지 않다가 다시 시작한 사람들을 보는 건 정말이지 기쁜 일입니다. 그리고 여러 상황을 생각할 때 자전거를 타기에 지금보다 더 좋았던 적은 없습니다.

만약 이제 막 자전거를 타기 시작했다면, 자전거와 균형 있는 건강한 관계를 만드는 데 이 책이 도움이 되었으면 합니다. 경험이 많은 사람에게는 새로운 방향을 찾거나 일상적인 자전거 길에서 무언가 특별한 걸 발견하게 되는 기회였으면 좋겠습니다. 아마도 당신 마음에 들지 않거나, 아니면 자신에게는 맞지 않는 부분도 있을지 모르겠습니다. 그러나 자전거를 타는 동안 당신은 무언가를, 어떤 장소에서 발견하게 될 겁니다.

더위와 추위, 비마저도 받아들이는 마음을 배우게 될지도 모릅니다. 타이어에 펑크가 나거나 길을 잃어도 당황하지 않을 겁니다. 자연 세계를 새롭게 발견하고 감탄하게 될 겁니다. 가파른 언덕도 오르게 됩니다. 혹은 그저 당신의 몸과 자전거가 어떻게 하나의 아름다운, 생체역학적인 완전체를 이루는지를 깨닫게 될 수도 있습니다.

전 30대를 전형적인 '라이크라를 입은 중년 남성'(고탄성 섬유인 스판덱스 상표 라이크라를 입고 자전거 타기를 즐기는 중년의 남성을 가리킴)으로 보냈습니다. 그러나 40대가 되어 무릎에 관절염을 앓게 되면서 이런 식의 접근 태도에 대해 다시 생각하게 되었습니다. 갑자기 더 빨리, 더 많은 거리를 달리는 것에 온전히 집중할 수가 없게 되었습니다. 매번 페달을 밟을 때마다 몸 상태를 생각해야 했고, 경사도, 기어를 바꾸는 것도, 자전거에서의 몸의 위치, 무릎에 쏟아지는 압박을 의식해야 했습니다. 모든 것을, 모든 순간을 완전히 파악하고 있어야 했고, 조금이라도 방심하면 금방 다쳤습니다.

언젠가부터는 마음챙김을 하러 나선 것이 아니었는데, 마음챙김이 나를 찾아 주었습니다. 20년이 지난 후에야 자전거 타기가 나에게 진정으로 무슨 의미인지를 알기 시작했습니다. 저는 당신이 어떤 사람인지 알지 못하고, 섣불리 추측하려고 하지 않을 겁니다. 서로를 마음챙김으로 발견하는 건 당신과 당신의 파트너인 자전거 몫이기 때문입니다. 제가 하고 싶은 말은 그저 '자전거 타는 걸 즐기세요!' 이 한마디뿐입니다.

바퀴 안의 바퀴

자전거는 원을 그리며 진행되는 게임입니다. 벤다이어그램처럼 여러 원들이 같은 중심을 공유하고, 서로 연결되어 있습니다. 시작이면서 가장 작은 원은 당신이 실제로는 볼 수 없는 무언가가 만들어 냅니다. 크랭크암이 부착된 버텀 브라켓 안에 있는 축이 그것입니다. 자전거의 프레임은 보통 '중심부'로 자선거를 지탱하지만, 이 보잘것없는 금속 막대는 거의 아날로그로 기계라고 할 수도 없습니다. 시간이 지나고, 주행 거리가 쌓일수록 눈에서도 또한 마음에서도 멀어져 잊혀진 채, 그저 조용히 나머지 기계 장치들을 움직일 뿐입니다. 문제가 생길 때까지 거의 관심을 두지 않지만, 일단 이것이 고장이라도 나는 순간에는 모든 것이 멈추게 됩니다. 수리가 가능한 경우도 있지만, 완전히 교체해야 할 때도 있습니다. 그러다 결국 완전히 고장나서 더 이상은 사용할 수 없는 날이 오고 맙니다.

프레임만큼 중요하지만, 프레임처럼 하찮게 취급받는 것이 있는데, 허브 즉, 바퀴의 중심 부분입니다. 정비사로 일하는 제 친구가 허브 성능을 테스트하는 가장 확실한 방법을 말해 준 적이 있습니다. 일단 자전거를 거꾸로 세워 놓고 손으로 바퀴를 돌린 후, 커피 한잔을 타러 가는 겁니다. 다시 돌아왔을 때도 바퀴가 계속 돌아가고 있으면 괜찮은 거라고 합니다.

페달링에 대하여

그 다음의 원은 버텀 브라켓의 중심입니다. 페달의 회전입니다. 효율적으로 자전거를 타기 위해서는 기어를 올바르게 선택하는 것도 중요하지만 부드럽게, 물 흐르듯이 페달을 밟는 행위, 즉 스피닝이 핵심인데, 프랑스어로는 수플레스souplesse(유연성, 탄력성)라고 합니다. 자전거를 타는 사람이 지쳐 보이거나, 몸 상태가 안 좋아 보이거나 혹은 서툴게 자전거를 타고 있다는 생각이 들 때 '허우적대며 페달만 밟아 댄다'고 얘기할 만큼 이 두 번째 원은 아주 중요합니다.

자전거 선수들은 1분당 80~90 회전의 페달링 속도를 유지하려고 합니다. 시간당 약 5,000회 정도입니다. 일반적인 프로 선수들은 하루에 4~5시간, 일 년에 200일 동안 저전거를 탑니다. 10년이나 그보다 더 오래 자전거를 탄 경력자들이라면 일 년에 5백만 번 페달을 돌리게 됩니다. 우리처럼 평범한 사람들도 평생 자전거를 타다 보면 그 횟수가 상당합니다. 그래서 신중한 사람들은 항상 엉덩이, 무릎, 발목에 신경을 씁니다. 어딘가 조금이라도 '찌릿'해도 절대로 그냥 넘어가지 않습니다.

바퀴의 회전

좀 더 설명을 덧붙이자면, 바퀴의 테두리와 바퀴 전체가 허브 주위를 돌고 있는데, 밸브는 마치 지구의 궤도 상에 있는 작은 위성처럼 윙윙거립니다. 이것들이 바큇살의 정교한 장식 무늬와 함께 바퀴 전체를 만들어 냅니다. 매끄럽게 끝없이, 시시콜콜하게 보이는 모든 것을 간과하도록 하며, 바퀴는 우리의 마음을 오랫동안 강하게 붙들었습니다.

바퀴의 테두리는 깊은 생각에 잠기게 하는 집중력과 마음챙김을 대변하며, 마음을 꿰뚫어 보는 통찰력을 의미하면서, 테두리

아래 튀어나와 있는 날카로운 바큇살과 함께 보여집니다. 중심에 있는 허브는 도덕적 규범을 의미하기도 합니다.

자전거를 탄다는 건

로드 바이크는 바퀴가 한 번 돌 때 2미터 이상을 가고, 마일(1마일은 약 1,61킬로미터) 당 750회를 회전합니다. 자전거로 잠깐 집 주변 상점에 다녀올 때조차 얼마나 많은 원을 공중에 만들어 내는지 한번 생각해 보세요. 흔히 자전거 자체로 묘사되는 각각의 작은 원들은 더 큰 원에 포함됩니다.

자전거를 탄다는 건 결국 원형으로 돌고 도는 것입니다. 심지어는 투르 드 프랑스(Tour de France, 매년 7월 프랑스에서 열리는 세계 최고 권위의 사이클 대회로, 약3주 동안 프랑스 전역과 인접 국가를 일주한다. 대략 4,000킬로미터를 달린다)와 같은 긴 거리도 구어체로 표현하자면 라 그랑 부클La grand boucle, '큰 고리'입니다. 일 년 동안 이런 원을 만들어 내면서 계절이 서서히 흘러가는 걸 보고, 느끼며 그것에 연결되는 걸 의미합니다.

날이 더운 여름날에만 자전거를 타는 것이 잘못된 행동은 아니지만, 자전거 타기를 제대로 이해하려면 더위뿐 아니라 추위도 겪어야 하고 밝음뿐 아니라 어둠도 알아야 합니다.

이렇게 원을 쫓아가는 바로 그 행위가 현재의 순간과 우리가 연결되도록 도와줍니다. 바퀴의 극히 일부, 고무 타이어의 몇 제곱 밀리미터만이 짧은 순간 동안 지면에 닿아 있습니다. 바퀴가 만나는 지구 표면의 그 작은 부분에 가시, 못, 엎질러진 기름 혹은 다른 위험 요소가 없다면 우리는 똑바로 움직일 수 있고 아무 문제도 일어나지 않을 겁니다.

온전히 지금, 여기에서의 삶의 순수한 상태에서, 모든 것을 잊은 채 우리는 자전거가 주는 완전한 자유, 마법 그리고 가능성의 의미를 즐길 수 있습니다.

바람의
마음챙김

고대 그리스인들은 공기가 모든 창조물을 구성하는 4가지 원소 중 하나라고 믿었습니다. 아리스토텔레스는 그가 내세운 우주 모델 안에 공기를 불과 물 사이에 놓았으며 덥고, 동시에 습한 것이라고 주장했습니다. 만약 그가 영국과 같은 기후 환경에서 자전거를 탔다면, 자신이 절반만 옳았다는 걸 알았을 것입니다. 그러나 자전거를 타는 사람들에게 바람은 삶의 필수적인 일부라는 사실을 부인할 수 없습니다. 셰익스피어의 '모양이 없는 공기'가 아니라 무게, 질감, 에너지, 움직임 그리고 분위기까지 갖춘 실질적인 독립체입니다.

자전거를 타면서 우리는 바람과 특별하고 복잡한 관계를 맺고 있습니다. 아마도 우리가 생각하는 것보다 사이클리스트와 더 많은 공통점을 가진 항해사나 비행기 조종사처럼 자전거를 타는 사람들은 바람의 힘, 방향 및 갑작스런 변화에 영향을 더 많이 받습니다. 자전거를 탈 때 흔히 그렇듯이, 물리적으로는 객관적인 근거를 갖는 관계이며, 우리가 주어진 순간에 경험하는 것에 뿌리를 내리고 있는 전적으로 주관적인 관계입니다. 맞는 예가 될지 모르겠습니다만, 역풍은 우리한테 특별한 도전 의식을 자극하지만, 우리는 모두 순풍을 더 좋아합니다.

보이지 않는 언덕

바람을 등지고 자전거를 타는 것보다 바람에 맞서며 페달을 밟으면 분명히 더 힘이 듭니다. 충분히 그럴 만한 근거가 있는데, 사이클리스트들 사이에서는 바람을 '보이지 않는 언덕'으로 부르고 있습니다. 더 빨리 달릴수록 더 힘이 드는데, 인간이 자연의 불공평한 법칙 중 하나의 법칙에 지배되기 때문입니다. 속도를 두 배로 올리면 공기 저항은 네 배로 증가합니다.

더 무자비한 것은, 두 배로 속도를 올리면 당신의 다리는 여덟 배나 더 많은 힘을 만들어야 한다는 사실입니다. 만약 목적지에 도달하거나 결승선을 통과하는 것에만 집중해야 한다면, 바람을 싸워 이겨야 할, 혹은 속임수를 쓰는 적으로 생각하기 쉽습니다. 하지만 자전거 여행 그 자체에 몰입하며 마음챙김을 잊지 않는다면 바람은 더 이상 경쟁 상대로 느껴지지 않습니다. 실제로 자전거 선수들이 몸으로 지불해야 하는 대가를 우주가 "그래, 편하게 생각해도 좋아."라고 우리에게 말하는 것으로 생각하면 유용하지 않을까요?

바람은 적대시해야 할 상대가 아니기 때문에, 혹은 우리의 즐거움을 망치는 어떤 악의적인 힘이 아니기 때문입니다. 바람은 그저 더 높고 더 낮은 압력의 영역들 간에 있는 공기의 움직임에 불과합니다. 그것에는 목적이나 의도도 없고, 우리에게 악의를 갖고 있지도 않습니다. 그저 에너지와 운동의 더 높은 법칙에 순종할 뿐입니다. 우리가 통제할 수도 없고 아무리 성능이 좋은 장비나 옷으로도 극복할 수 없습니다. 그 대신 우리는 자전거를 탈 때 항상 곁에 있는 자연의 일부로 바람을 느끼고, 감싸안고, 그것으로부터 무언가를 배울 수 있습니다. 《자전거를 사랑했던 남자》의 저자 다니엘 베어맨은 "당신은 결코 바람을 군소리 없이 받아들이지 않는다. 바람이 당신에게 맞서거나 당신이 좋은 날씨를 만끽하거나 둘 중 하나"라고 했습니다.

바람의 마음챙김

그렇지만 마음챙김으로 자전거를 타는 사람은 바람에 주의를 기울입니다. 깃대, 교회의 풍향계, 구름층, 새들이 나는 모습, 모닥불과 굴뚝에서 피어오르는 연기, 이 모든 것이 바람의 세기와 방향에 대해 많은 걸 말해 줍니다. 다리에 에너지가 넘치고 도전하고 싶은 마음이 들 때, 말 그대로 공중에 떠오르는 것 같은 속도로, 지친 팔다리에 보상을 주겠다고 다독거리며 자전거를 탈 수 있는 여정을 계획할지도 모릅니다. 바람이 거센 날에 저는 위험할 정도로 예측이 불가능한, 측면에서 불어오는 바람이 부는 주요 도로를 피하고, 좁고 움푹 파인 길을 택합니다. 그런 길에서는 나무가 있는 높은 경사면이 은신처가 되어 주기 때문인데, 수세기 동안 여행객들과 소몰이를 하는 사람들을 보호해 주었습니다. 아주 형편없는 산울타리조차 맹공격을 피해 몸을 숨기고 한숨 돌릴 수 있게 해 줍니다. 그러나 마음챙김이란, 은밀한 공격에도 준비를 하는 것을 의미합니다.

지금 어쩌면 당신의 얼굴로 바람이 불어올지도 모르겠습니다. 그래서 당신은 자전거 뒤에 젖은 모래주머니를 단 채로 끌고 가거나, 거인이 당신 이마에 손을 대고 밀치는 것처럼 느낄 수 있습니다. 평평한 길이 언덕이 되고, 언덕이 산이 되고, 산이 벽이 됩니다. 당신이 할 수 있는 것은 그저 계속 가는 것뿐입니다. 바람을 능가할 수도 평가할 수도 없으며, 부는 바람을 멈추게 할 수도 없습니다. 바람은 자신의 힘을 잘 알고 있으며 결코 지치지도 않습니다.

그저 참고 견디는 것이 최선입니다. 모퉁이를 돌면 등 뒤로 바람이 불어갈 겁니다. 그 순간, 온 세계가 달라집니다. 당신이 힘겹게 싸워야 했던 두텁고 농밀한 공기와 힘들이 이제 당신의 아군이자 친구가 됩니다. 줄에서 끊어진 연처럼 자유롭게 날고, 모든 노력과 싸움을 잊은 채 자신만의 기적적인 속도를 맛보고 즐길 수 있게 됩니다.

비 내리는 날

경외할 만한 인물인 알프레드 웨인라이트는 그의 책을 통해 수백만 명의 사람들이 영국 레이크 지방의 영예에 눈을 뜨도록 했습니다. 그는 이 아름다운 지역에 1년에 200일 동안 비가 내린다는 사실이 그가 사랑하는 언덕과 산책로를 즐기는 걸 방해하지 못한다고 썼습니다. 그는 "나쁜 날씨란 없다. 그저 옷이 적절치 않을 뿐이다."라고 했습니다.

현재 우리가 이용할 수 있는 방수, 방풍, 열 장비들이 넘쳐날 정도로 많으니, 실제로 불가능한 건 아니며 자전거 타기에 '적절치 않은 옷'을 입을 걱정은 없다고 생각할 수 있습니다. 행운의 여신의 미소처럼, 요즘의 이국적인 섬유, 직물, 표면 처리들은 실제보다 더 근사해 보입니다. 아주 의심이 많은 사람이 아니라면,

제품에 대한 제조업체의 설명을 신중하게 고민하며 신뢰할 겁니다. 간단히 말하자면 악천후에 대비한 최첨단 장비에는 한계가 없습니다. 다만, 자전거를 타다 보면 장비는 한계가 없이 완벽할 수 있지만, 몸의 일부(대부분이 아니라)가 어느 시점이 되어 젖거나 차가워지는 것, 어쩌면 젖는 동시에 차가워지는 것이 당연하다고 받아들여야 합니다.

이 사실을 받아들이면 비에 대해 생각하는 방식도 바꿀 수 있습니다. 더 이상 피하거나 한탄할 게 아니라 자연 질서의 일부이며, 아마도 시간이 지나면 적극적으로 수용하고 즐길 수 있을 거라고 생각하는 겁니다.

빗속에 갇히다

기본적으로 자전거를 탈 때 몸이 젖는 건 두 가지 이유 때문입니다. 첫 번째는 자전거를 타는 도중에 비가 내리는 경우입니다. 이건 일 년 내내 온대기후에 살고 있는 우리 대부분에게 닥칠 수 있는 불행입니다. 그러나 이를 문제 삼을 필요는 없습니다. 우리가 완전히 현재의 순간에 존재하며, 바람, 온도, 구름의 움직임, 굴뚝에서 나오는 연기, 길가 웅덩이 안의 잔물결에 대해 잘 이해한다면, 비가 올 것을 예측할 수 있습니다. 그런 관찰과 인식이 우리를 다시 한번 세계와 연결합니다. 그 다음에 무엇을 해야할지 결정하는 데 도움이 됩니다.

어린 시절부터 길러 온 본능적인 반응 덕분에, 우리는 지붕이나 가림막이 있는 곳으로 피하거나 비옷을 입습니다. 몸이 젖는 게 싫기 때문입니다. 우리는 대부분 그렇게 행동합니다. 그런데 무엇을 두려워하는 걸까요? 녹이 슬까 겁이 나는 걸까요? 스폰지처럼 물을 빨아들일지도 모르니 미연에 방지해야 하는 걸까요? 물론 감기에 걸릴까 봐 걱정할 수는 있지만, 자전거를 탈 때는 그것도 문제가 되지 않습니다. 몸이 스스로 열을 내기 때문입니다. 여기서 우리가 정말로 고민하는 것은 날씨가 아닙니다. 건조하고, 따뜻하고, 무엇보다도 쾌적한 상태이길 바라는, 지극히 정상적인 우리의 욕망이 고민인 겁니다.

그러나 역설적이게도 이런 욕망을 충족시키려고 노력할수록 반대의 결과를 가져올 수 있습니다. 날씨를 피하거나 극복하려고 하면, 혹은 단순히 비가 오기 전에 집에 더 빨리 가려고 하는 것도 마찬가지로 멀리 돌아가거나 험한 길을 가야 할 수도 있습니다. 너무 일찍 외투를 입으면 비 때문이 아니라 운동으로 흘린 땀으로 더 젖을 수도 있습니다. 자전거 타는 걸 멈추고 방수복을 입고 벗느라 시간과 노력만 더 들고 상황이 더 나빠질지도 모릅니다. 어차피 젖을 수밖에 없기 때문에 그저 계속 달리면서 참는 게 더 낫습니다.

비를 선택하기

두 번째는 이미 비가 퍼붓고 있을 때 일부러 자전거를 타러 가는 것인데 첫 번째보다 더 영예로운 경우입니다. 제 생각에는 이것이야말로 진정한 마음챙김입니다. 자신이 무슨 일을 하고 있는지 그리고 무엇이 자신을 기다리고 있는지를 충분히 알면서도 자전거 위에 올라타고 이후에 일어날 일을 스스로 받아들이는 것입니다.

그냥 집 안에 앉아 쳐다보는 걸 선택하기 쉬운 그런 날씨에 밖으로 나간다는 건 어딘지 멋진 행동이고, 사람을 흥분시키고 에너지를 솟게 하기 때문입니다. 엄청난 폭우 속에서 자전거를 탄다는 건 특별히 즐겁거나 즐길 만한 일은 아닙니다. 일반적으로 생각하기에 재미있지도 않습니다. 그건 깊이 있는, 본능적인 현실입니다.

자전거 위에서 당신은 온통 물에 둘러싸여 있습니다. 위에서는 비가 내리고, 아래 자전거 바퀴에서는 물방울이 튀고, 옆으로 지나가는 차들은 물보라를 일으키며 갑니다. 당신이 신체적으로 더 이상 젖지 않는 시점이 옵니다. 그러면 그 자체가 즐거움을 주기도 합니다. 깊이 자리 잡은 억제력, 공포와 편견으로부터 신체적, 정신적으로 놓여나는 것입니다. 남에게 의지하지 않고 자연의 힘인 험악한 날씨와 당신은 하나가 됩니다. 마음에 남아 있던 고통 혹은 실의의 감정들이 사라집니다. 자신만으로도 충분해지고, 진정 살아 있으며 당신의 신체적, 심리적 회복력이 예상도 못했을 정도로 빠름을 발견합니다.

우리에게 주어진 것이 무엇이건 그것을 받아들이면서 우리는 사이클리스트로서, 인간으로서 성장하게 됩니다. 또한 자전거를 날씨가 좋을 때만 곁에 있는 친구가 아니라 진정한 파트너로 더 깊은 유대감을 형성하는 데 도움이 될 겁니다.

오르막길과
내리막길

언덕을 피하려는 마음은, 호소력이 있을 뿐만 아니라 논리적으로 보이지만, 그건 꼭 날씨가 화창할 때만 외출하려는 마음과 비슷합니다. 물론 그것이 잘못은 아니지만, 자전거 타기와 삶에서 중요한 관점을 놓치게 될 수 있습니다.

언덕은 우리가 통제력을 잃고, 정화되며 새롭게 만들어지는 고된 시련의 장입니다. 더구나, 당신이 매우 평평한 특별한 지역에 살지 않는 한, 어떤 길을 걷건, 길을 따라 어딘가 위로 향하는 곳이 있기 마련입니다.

언덕이 많은 땅은 평평한 길보다 신체에 더 부담이 되는 건 사실이지만, 자전거를 탈 때 그것 특유의 즐거움을 줍니다. 근육이 움직이는 것을, 공기가 폐 속으로 들어왔다 나가는 것을, 심장이

뛰는 것을, 피가 온몸을 도는 것을 느끼며 고군분투하는 동안 느껴지는 진정한 즐거움이 있습니다. 그리고 정상에 도달하면, 그곳에는 고요함과 깊은 생각에 잠길 수 있는 기회가 기다리고 있기도 합니다. 있는 힘껏 흥분되었던 몸이 차분히 가라앉는 것을 감지하고 높은 지형에서만 가능한 시각을 갖게 됩니다.

마음챙김으로 오른다는 건 지금 이곳, 이 순간에 완전히 집중하는 걸 의미합니다.《선과 모터사이클 관리술》에서 저자인 로버트 M. 피어시그는 산(혹은 비교적 평탄한 지형에 사는 사람들에게는 언덕)을 "가능한 한 고군분투하겠다고 마음먹지 않고, 욕망 없이 올라야 한다."고 말했습니다.

우리는 언덕을 장애물로, 정복해야 할 대상으로 보도록 길들여졌고, 가능한 한 빨리 정상에 오르는 것이 실제로 중요하다고 믿고 있습니다. 우리의 목표는 외적이고, 서로 관련이 없으며, 시간과 공간을 앞선 어딘가에 있습니다.

우리는 진정으로 '여기'에 있지 않는데, 우리의 모든 에너지와 힘이 '저기'에 있기 때문입니다. 이것보다 더 마음챙김과 거리가 먼 상황이 또 있을까요? 오르막길에서는 신체적으로 피곤하고 심리적으로 지치는 게 당연합니다.

등반 명상

마음챙김은 한 가지에 귀를 기울일 것을 요구합니다. 보통은 호흡에 집중하라고 합니다. 다행히도, 자전거로 언덕이나 산을 오를 때도 이것이 핵심 포인트인데, 그래서 모든 등반은 명상을 동반합니다. 호흡을 잘 조절하면 다리가 스스로 자신만의 리듬을 찾아가게 됩니다. 횡격막이 규칙적으로 힘 있게 오르내리는 걸 느껴 보세요. 의식적으로 길을 '흡입하고', 매번 숨을 들이쉴 때마다 길을 당신 쪽으로 끌어당겨 보세요. 그리고 숨을 내쉴 때 당신을 앞으로 밀어냅니다. 바퀴가 회전하는 것에 집중하세요. 모든 것이 부드럽고 원형이어야 하며 날이 서거나 각이 생기면 안 됩니다.

요가를 할 때처럼, 꾸준히 한 군데 초점을 맞추어 전방에 시선을 고정하면 집중하는 데 도움이 됩니다. 길 위의 어느 한 지점, 대략 자전거 한 폭에 해당하는 그곳에 눈을 고정시킵니다. 그렇게 하면 그 너머에 놓인 것들은 존재하지 않거나 중요하지 않게 됩니다.

천천히 긴 거리를 등반하는 것은 그 고도에 펼쳐지는 자연을, 그 속도에 맞추어 감상하게 합니다. 봄이 되면, 제가 사는 지역의 길들을 따라 늘어선 가파른 경사면에는 블루벨, 별꽃, 애기똥풀, 빨간색 아네모네, 카우 파슬리, 알리아리아, 난초가 흐드러지게 피어 있는데, 그야말로 티타니아(셰익스피어 작 〈한여름 밤의 꿈〉에 등장하는 요정국의 여왕, 오베론의 아내) 정원의 시원한 그늘이 따로 없습니다. 어느 서부에 있는 협곡처럼 울퉁불퉁한 사암이 툭 불거져 있기도 하고, 거기에 참나무, 물푸레나무, 너도밤나무의 매듭진 뿌리들이 드러나 있고, 목선木船 안의 둥근 창처럼 생긴 좁은 통로들이 점점이 찍혀 있기도 합니다. 피어시그는 이렇게 표현했습니다.

"생명을 지탱하는 것은 정상이 아니라 산기슭이다."

때로는 정상에 도달하는 최고의 방법이자 가장 편안한 길이 자전거를 타고 산책하는 것일 수도 있습니다.

내려가는 기쁨

모든 행위에는 순반응과 역반응이 존재합니다. 오르면 반드시 내려와야 하는데, 내려올 때 특별한 쾌감과 영광을 누리게 됩니다. 아무런 구애를 받지 않을 뿐 아니라, 노력하지 않아도 얻어지는 속도감이 주는 그 순수한 기쁨은, 어린 시절에 우리의 머릿 속에

각인되어 있습니다. 하늘에서부터 떨어지듯 낙하한다고 느낄 수는 없겠지만, 자전거는 어떤 다른 것보다 낙하의 느낌을 즐기게 해 줍니다. 그러나 이 절묘한 축복받은 상황에서도 반드시 집중력이 필요합니다. 속도가 올라가면, 실수를 할 여지도 줄어듭니다. 마음챙김의 자세로 언덕이나 산을 내려가는 건 단순히 길 위를 달리는 것에서 길을 읽게 되는 그 신비로운 문턱을 넘어서게 하기 때문입니다. 당신이 정확히 어디 있는지를 알게 될 뿐 아니라 무슨 일이 벌어질지를 감지하고 미리 예견할 수 있습니다. 당신이 이미 잘 알고 있는 매끄럽고 커브가 완만한 구불구불한 길을 빠른 속도로 내려간다는 건 너무나 멋진 경험입니다. 매끄럽고 물 흐르듯 부드럽게 움직이며 모퉁이를 도는 경험은 자전거 경기에서 높은 점수, 혹은 홀인원에 견줄 만합니다. 여러 모퉁이를 이렇게 잇달아 내려오면, 자전거와 자전거를 탄 사람은 유리창을 타고 흐르는 빗방울처럼 언덕을 흐르게 됩니다.

언덕이나 산에서 시간을 보내는 경험은 노력과 상쾌함, 꾸준한 발전과 영예로운 속도감, 이 모든 것의 절묘한 조화를 즐길 수 있는 기회입니다. 자전거를 탄다는 것이 무슨 의미인지 그 본질을 깨닫게 해 줍니다.

바퀴의 펑크가 주는
반전

자전거를 탈 때 바퀴에 펑크가 나는 것처럼 곤란한 일도 없습니다. 특히 뒷바퀴에 펑크가 나면 기분이 참담합니다. 갑자기 뭔가 흐물흐물한 게 석연치 않다가 곧이어 길에 금속 바퀴테와 축 늘어진 고무가 질질 끌리는데, 마치 조롱하는 비웃음처럼 미심쩍은 소리가 납니다. 시간을 뺏기고, 더러운 게 좀 묻는 야외 노동 정도면 최상이며, 자전거를 끌고 오랫동안 거리를 걸어야 하거나 구조를 요청해야 하는 불명예스런 경우라면 그야말로 최악인 셈입니다.

비관하지 않으며 이 사건을 바라보고 받아들이려면 의지를 갖고 노력해야 합니다. 마치 비가 올 때와 같습니다(저의 경우에는 놀라고 실망해서 저절로 탄식을 하고 몇 번 깊게 심호흡을 하고 나면 상황을 받아들이게 됩니다). 하지만 저는 곧 바퀴의 펑크가 일종의 명상이 되며 자전거를 타는 행위에 새롭고 긍정적인 인사이트를 가져올 수 있다는 걸 배웠습니다.

예를 들어, 펑크가 난다는 것이 얼마나 드문 일인지를 한번 생각해 보세요. 저의 경우 일 년에 평균적으로 세 번 정도 겪고 있습니다. 대략 90번'정도의 라이딩에 한 번 꼴인 셈입니다. 저는 이 확률을 수긍하고 받아들입니다.

몇 밀리미터에 불과한 바퀴의 고무는, 사이클링을 가능하게 하는 그 귀중한 압축된 공기와, 그것을 우리에게서 빼앗으려는 수많은 날카로운 물체들 사이에 있습니다. 종종 눈에 보이지도 않는 이 적들이 성공하는 경우가 그렇게도 드물다는 건 거의 기적에 가깝습니다. 그런데도 우리는 이 적들을 피하는 바퀴의 능력을 당연하다고 생각합니다.

펑크가 났을 때의 명상
펑크가 나는 걸 미리 막을 수 있다면 그것이 최상일 겁니다. 그러나 펑크가 날 가능성이 있는 장소, 뾰족한 돌, 가시, 못, 움푹 파인 곳, 날카로운 모서리, 유리 조각, 그 외 우리에게 문제를 일으킬

만한 요인들을 알아보고 피해야 합니다. 멀리 회전식 커터가 윙 윙대는 소리가 들리면, 다른 길을 찾는 것이 좋습니다. 품질이 좋은 바퀴를 고르고, 적절하게 공기를 주입하고, 찢어지거나 낡으면 즉시 교체해야 합니다. 무엇보다도, 자전거를 탈 때는 눈과 귀를 크고 넓게 열어야 합니다. 막상 (만약이 아니라) 끔찍한 순간이 다가왔을 땐, 명상을 통해 나오는 생각들이 적어도 당황하는 마음을 가라앉혀 줄 수 있습니다.

바퀴를 떼어 낸다는 건 자전거의 핵심 부품에 익숙해질 수 있는 기회입니다. 단순함과 견고함이 복잡함과 정밀도와 그렇게 우아하게 결합된 걸 보면 기름과 오물 정도는 용서가 됩니다. 또한 자전거 프레임에서 숨겨진 부분도 관찰할 수 있습니다. 좀 더 여유가 생겼을 때 해결해야 할 고장 난 곳이나 쌓인 먼지를 검사하기에 아주 좋은 시간입니다. 뿐만 아니라, 바퀴를 새롭게 보게 됩니다.

엔지니어링 측면에서 보자면, 바퀴는 지금까지의 발명품들 가운데 가장 강한 구조물로 자체 중량의 100배 이상을 지탱할 수 있고, 속도를 내거나 멈추거나 회전할 때 발생하는 엄청난 횡력과 비틀림을 견뎌 낼 수 있습니다.

자부심을 회복하다

가장 중요한 점은, 오늘날의 하이테크 세계에서 우리가 급속도로 잃어버린 자부심과 독립심을 펑크 난 바퀴를 수리하면서 회복할 수 있다는 것입니다. 배터리가 방전된 것보다 더 심각한 자동차 문제는 차량 정비소에 가야만 합니다. 마찬가지로, 전화기, 컴퓨터 혹은 세탁기에서 무언가가 작동하지 않거나 고장이 나면 거의 필연적으로 전문가가 개입해야 해결됩니다.

하지만 자전거 바퀴의 펑크 정도는 우리가 가지고 다니는 기본 도구와 저렴한 부품을 이용해 스스로 수리할 수 있는 고장 중 하나입니다. 엄지손가락이 좀 아프고, 기름으로 손이 더러워지고, 계획했던 것보다 조금 늦게 집에 도착하는 것쯤은, 당신과 당신의 친구를 다시 길로 데려가며 느낄 수 있는 자부심에 대한 작은 대가에 불과합니다. 참담한 마음이 환희로, 패배감이 승리감으로 바뀌고, 절망에서 새롭게 희망과 믿음이 생겨납니다.

타인의 친절

그러나 우리 모두가 스스로 정비공이 될 수 있는 도구, 힘, 적성, 성향을 갖추고 있는 건 아닙니다. 저는 오래된 내 자전거에 펑크가 날까 봐 겁이 납니다. 왜냐하면 바퀴를 떼어 내면 브레이크를 완전히 분리했다가 재조립해야 하고 (뒷바퀴의 경우 허브 기어도) 세 개의 서로 다른 크기의 스패너가 필요하기 때문입니다. 저를 포함한 대부분의 장거리 사이클리스트들은 두 개의 여분 튜브면 충분할 거라고 생각했다가 세 번이나 펑크가 났던 날에 대한 서글픈 기억을 갖고 있습니다. 그런 경우, 자전거는 가족과 친구에게 다가가거나 혹은 낯선 사람의 친절을 신뢰하도록 우리를 유도합니다.

최근에 저의 오래된 자전거에 펑크가 나서 아버지가 차와 자전거 랙을 가져오는 걸 기다리는데, 자전거를 타고 가던 사람 두 명이 길가에 자전거를 세우고 저를 도와주었습니다. '사이클리스트'라는 이름에 걸맞는 태도를 가진 사람이라면 누구라도 그렇게 했을 겁니다.

사이클리스트로서 우리는 수백만 가족의 일원이고, 언젠가 그런 상황이 자신에게도 일어날 수 있다는 걸 잘 알고 있습니다. 펑크는 피할 수 없으며, 원치 않더라도 자전거 타기의 일부입니다. 마음챙김으로 생각하면, 그것은 배움과 성장의 기회이며 말 그대로 땅에 발붙이게 하고 자전거 생활의 현실에 닿게 합니다.

세상의 무게를
견디는 힘

아르키메데스는 길이가 충분히 긴 지렛대와 그것을 놓을 장소만
있다면, 이 지구를 움직일 수 있을 거라고 했습니다. 그가 수천
년 전에 태어나서 자전거를 탈 수 없었다는 게 얼마나 유감인지
모릅니다. 왜냐하면 이 간단한 기계로 (저는 그가 진심으로 동의할 거
라고 생각합니다) 우리들은 지구상에서 가장 강하고 근본적인 힘과
관계를 맺고 있기 때문입니다.

자전거를 탈 때마다 마음챙김을 하면, 직접적으로 물리 수업
을 듣는 것 같은 경험을 하게 됩니다. 제가 좀 더 어렸을 때 이 사
실을 알았다면, 아마도 물리 과목이 참을만 했었을 텐데 말이에
요. 이제 성인이 되고 보니 예전의 그 먼지투성이 교실에서 이해
하려고 애썼던 추상적인 개념과 얽히고 꼬인 공식들이 생생한

현실이 되었습니다. 그렇게도 멋진 자유를 느끼게 해 주는 자전거는 모든 움직이는 존재, 움직여 왔던 존재들을 통제해 왔던 불변의 법칙에 이의를 제기할 수 없으며, 그 법칙의 지배를 받습니다. 자전거의 기술과 우아함 뒤에는 아이작 뉴턴이 성문화했던 고전 역학의 엄격한 법칙이 있는데, 우리는 여전히 그 법칙의 지배 하에 자전거를 타고 있습니다.

물리학 법칙

예를 들어, 관성에 대해 한번 살펴볼까요? '게으른' 혹은 '느릿느릿 움직이는'을 의미하는 라틴어 이네르스iners에서 유래한 '관성'이라는 단어는 물리적 물체가 움직이는 상태에서 어떤 변화에 대해 저항하는 것을 가리킵니다. 관성은 세워둔 자전거에 힘을 가해 움직이기 위해 당신이 가장 우선적으로 극복해야 할 것입니다. 자전거와 그것을 탈 사람이 육중할수록, 움직이기가 힘듭니다.

사실 우리 모두는 본능적으로, 무의식적으로 중력이 무엇인지를 압니다. 떨어지는 물건이 한 치의 예외도 없이 바닥으로 떨어지는 한, 우리가 먼 우주로 떠다니지 않는 한, 중력에 대해 굳이 생각하지 않을 뿐입니다. 그런데 자전거에 올라타는 순간, 우리는 우리를 꽉 붙들고 있는 중력에 대해 의식하게 됩니다. 평지에서 자전거를 탈 때는 비교적 문제가 되지 않으며 거의 눈치를 채지도 못합니다. 그러나 경사진 길을 달리기 시작하면 온 세상의 무게가 당신 뒷주머니에 들어간 듯합니다.

공기저항 혹은 공기역학의 끌어당김도 마찬가지입니다. 대부분의 경우, 우리는 (보행자로서) 아주 느리게 움직이거나, (운전자 혹은 승객으로서) 기계가 처리하도록 두기 때문에 거의 영향을 받지 않습니다. 셰익스피어가 문자 그대로는 '희박한 옅은 공기thin air'를 '난데없이, 갑자기'라는 표현으로 사용했을 때 그가 얼마나 폭넓은 시각을 갖고 있었는지를 자전거가 밝혀 냈습니다.

시속 10마일의 속도로 앞으로 나갈 때 공기 저항의 영향은 바퀴와 도로 사이의 마찰력 같은 힘과 동일하기 때문에 거의 감지할 수 없습니다. 그러나 시속 20마일, 혹은 그 이상이 되면 공기의 저항을 극복하는 데, 당신의 노력 가운데 70퍼센트에서 90퍼센트를 써야 합니다. 당신이 더 빨리 달릴수록, 공기는 당신을 통과시키는 걸 더 주저하게 됩니다. 사실, 뉴턴의 법칙에 자전거와 라이더에게 적용되지 않는 한계란 거의 없습니다. 이 사실이 기분 좋게 받아들여지지 않을 수는 있겠지만 다행히 우리는 에너지를 잃지는 않습니다. 당신은 그것을 창조하거나 파괴하지 않으면서 한 형태에서 다른 형태로 바꾸고 있습니다. 오르막길을 오르기 위해 페달을 밟는 동작에는 중력의 순반응과 역반응이 있어서 당신을 뒤로 끌어당깁니다. 그러다 보면 몸에서 열이 납니다. 땀으로 범벅이 되어 집에 도착하는 건 열역학 법칙에 충실했다는 표시입니다. 그러나 한 방향으로만 일이 일어나지 않는다는 걸 알려 준 아이작 경에게 고마움을 전해야겠습니다. 그는 내리막길에서 아무런 노력을 기울이지 않아도 속도를 낼 수 있도록, 모퉁이를 돌아 마침내 바람이 등 뒤에서 불어오는 그 짜릿한 안도감도 허락했습니다. 물리학은 주기도 하고 뺏기도 합니다.

힘과 연결된다는 것

우리는 이 중요한 법칙에 불가피하게 얽매어 살 수밖에 없지만, 자전거 덕분에 이 법칙의 완전한 노예가 아닐 수 있어서 다행입니다. 그 법칙에서 벗어날 수는 없지만, 그 안에서 자유를 찾을 수 있으니 말입니다.

앞으로 나아가기 위해 힘겹게 분투하는 것에 대해서 조금은 알고 있었던 어네스트 헤밍웨이는 이렇게 썼습니다.

"한 나라의 윤곽을 가장 잘 알 수 있는 건 자전거를 탈 때이다. 왜냐하면 땀을 흘리며 언덕을 오르고 해안가로 내려가야 하기 때문이다."

당신이 일상적으로 운전하며 달리던 도로를 자전거로 달리다 보면, 생각했던 것만큼 도로가 평평하지 않다는 걸 깨닫게 됩니다. 자동차, 비행기, 기타 교통수단을 이용하며 우리는 세계를 지배하는 힘과 분리됩니다. 자전거는 자신들의 존재를 우리에게 상기시키고, 우리가 얼마나 미미한 존재로서 우리를 둘러싼 모든 것들과 하나가 되는지를, 또한 우주에서 우리의 위치에 대해 깊이 있게 느끼게 해 줍니다. 물리법칙에 도전한다는 건 종종 우리를 그렇게도 무겁게 내리누르는 인간의 권력과 인간이 만들어 낸 구조물에 대해 새로운 관점을 갖게 되는 기회가 됩니다.

바퀴를 돌리면서 바퀴 아래로 세상의 무게를 느껴 보세요. 학교에서 배웠고, 그 이후로 당연한 것으로 받아들였던 힘에 대해 새롭게 바라보고 감사하게 됩니다. 적어도 그 순간에는 다른 모든 것이 쉬워 보입니다.

자전거 청소하기

자동차에 관해서라면, 저는 기본적인 지식, 상식선에 해당하는 부분, 안전을 위해 중요한 점에 성실하게 주의를 기울입니다. 그래서 정기적으로 차를 점검하고, 바퀴에 적절한 공기압을 유지하고, 각종 액체가 얼마나 남았는지 자주 확인하고, 낡은 와이퍼 블레이드도 제때 갈아 주는 등 신경을 씁니다. 겉으로 보기에 그저 보기 흉할 정도만 아니라면 충분하다고 생각합니다.

저는 자전거도 그렇게 관리합니다. 나의 자전거들은 새것처럼 완벽하게 깨끗하지는 않습니다. 어쨌거나 자전거는 날씨에 상관없이 항상 밖에서 타야 하는 고연비 기계입니다. 장식품도 아니고, 그저 쳐다보기만 하며 소중히 간직해야 하는 귀중한 예술품도 아닙니다. 자전거가 완벽하게 깨끗하다는 건 세상에 나가 본

적이 거의 없다는 증거인데, 제 생각으로는 타지 않는 자전거는 읽지 않은 책이나 은행 금고에 갇혀 있는 스트라디바리우스와 다를 바 없습니다.

제가 자전거를 진열 상태로 두지는 않지만 자전거가 정말 더러워지면 마음이 매우 산만하고 불안해집니다. 자전거는 브레이크, 변속기, 주요 베어링이 모두 겉으로 드러나 있는데, 그래서인지 저는 자전거의 경우 청결과 안전이 직접적으로 연관이 있다고 생각합니다. 더구나 의도적으로 자전거에서 '끽' 소리가 나거나, 삐걱대거나, 무언가 맞부딪쳐 갈리는 소리가 나도록 제품을 만드는 제조업체는 없습니다.

건초가 필요 없는 말

자전거에 대한 이런 태도는 부분적으로는, 운 좋게도 자전거와 승마를 다 할 수 있었던 10대 시절에 배운 원리 덕분이기도 합니다. 실력 있는 선생님들이 제게 주입했었던 많은 규칙 가운데에는 승마의 경험에 고마워해야 할 만한 것들이 있습니다. 저는 진흙투성이 장화를 신고 말에 올라타거나, 마구간의 건초가 말의 꼬리에 붙어 있는 채로 마구간 뜰을 나가는 건 매우 심각한 잘못이라고 엄격히 교육받았습니다. 그런 식으로 관리하는 건 사소한 행동 같지만, 파트너인 말을 보호하고 존중하는 마음이 부족하다는 걸 보여줄 뿐 아니라, 더 심각한 과오를 저지를 수 있다는 걸 암시합니다. 지금은 자전거 체인이 더럽거나 기름진 지문이 눈에 띌 때 똑같은 수치심을 느낍니다.

비슷한 맥락에서 저는 승마를 한 후에는 말을 우선적으로 보살피고 그 다음이 저의 차례라고 배웠습니다. 날이 어두워도, 아무리 추워도, 비가 쏟아붓고 있어도, 당신이 15시간 전에 겨우 토스트 한 조각을 먹은 게 전부라도 마찬가지입니다. 이 명예롭고 이타적인 이상적 행위는, 제 머릿속에 아주 철저히 각인되어 요즘에도 제 자전거에 그대로 적용하고 있습니다. 신발 속에 물이 가득 차 있어도, 손가락이 추위에 마비된 것 같아도, 실내에 들어가기 전에 재빠르게 자전거를 닦고 윤활유를 발라 줍니다. 과거에 승마를 타며 배웠던, 말을 돌보는 그런 방식이 상상으로나 가능하지 어떻게 매번 자전거를 그렇게 관리할 수 있겠냐는 의문이 들면, 프랑스 시골 지역에서 벌인 초기 마케팅 캠페인에서 자전거를 "건초가 필요 없는 말"로 홍보했다는 점에 주목하면 도움이 될 것 같습니다.

조금씩 자주

청결한 상태에 대한 생각은 사람마다 다를 겁니다. 외형적인 고려 사항을 제외한다면, 자전거를 청소한다는 건 손상되거나 마모된 부분을 확인할 수 있는 기회입니다. 자전거 전체를 전부 분리해서 정리할 필요는 없습니다. 마모된 케이블, 잘리거나 그럴 위험이 있는 타이어, 느슨한 바큇살, 얇게 닳아 버린 브레이크 패드, 늘어난 체인, 헐렁해진 허브나 헤드셋, 이런 것들은 모두 자전거를 한번 휙 살펴봐도 눈에 띕니다. 오늘 라이딩이 끝나고 5분 동안만 헝겊과 물이 든 스프레이 한 통으로 청소하면 내일 집까지 오래 걸어야 하는 곤란한 상황을 피할 수 있습니다.

자전거를 닦는 건 욕실을 청소하는 것과 같습니다. 매일 하면 빨리, 힘들이지 않고, 간단히 끝낼 수 있습니다. 몇 달에 한 번씩 하면 상황이 완전히 다릅니다. 사실을 고백하자면, 저는 오랜 시간 자전거를 닦는 걸 좋아하지 않습니다. 그래서 자주 조금씩 하는 게 제게는 맞습니다. 말하자면, 철저하고 깨끗하게 반복해서 청소하는 행위에는 진정한 명상을 가능하게 만드는 무언가가 있다고 생각합니다. 자전거를 구석구석 잘 닦으려면 손놀림이 정교해야 하고 무엇보다 인내심이 필요합니다. 기계가 서로 어떻게 연결되는지, 각각의 부품들과 시스템이 어떻게 상호작용을 하는지를 더 깊이 이해할 수 있습니다. 관계를 더 깊고 풍부하게 만드는 친밀감도 생성됩니다. 이것이 '어떤' 자전거가 '당신의' 자전거가 되는 과정입니다. 하지만 제가 불길한 소음을 내지 않고 조용히 달리는 깨끗한 자전거에서 더 편안하게, 더 '함께'한다고 느낄 수 있다는 점이 더 중요합니다. 물론 그 효과라는 것이 온전히 심리적인 것에 불과할 수도 있지만, 그렇다고 덜 현실적이지도 않고, 강력하지 않은 것도 아닙니다. 사실, 사이클링의 많은 부분은 마음 안에서 일어나기 때문에 이 작은 환상을 과소평가해서는 안 됩니다. 반짝이는 자전거를 타러 나가는 건, 빳빳하게 다려진 새 셔츠를 입거나, 쨍하고 햇빛이 나는 봄날 아침에 현관문을 나서는 것과 같습니다. 모든 것이 환하게 빛납니다. 불가능한 것이란 없습니다.

한밤의 모험

모든 사람이 어둠 속에서 주행하는 걸 선택하지는 않습니다. 높은 고도에서 정기적으로 출퇴근을 하는 사람에게는 대부분의 시간 동안 겪어야 하는 생활의 일부이긴 합니다. 평지에서 낮에 일하는 우리로서는, 겨울 주중에나 가능한 일입니다.

제 딸이 어렸을 때, 저는 달빛을 정말 많이 이용했습니다. 일을 마치고 딸아이를 목욕시키고 수많은 이야기를 침대 머리맡에서 읽어 주고 난 다음에야 길고 긴 하루가 끝났기 때문에, 할로겐 조명과 고 가시성의 옷으로 무장하고 불빛이 있는 차선을 선택할 수밖에 없었습니다. 육아에서 저보다 10년 정도는 뒤처진 처남이 지금 그렇게 하고 있는데, 아들과 딸이 잠들고 난 후에야 비로소 산악 자전거를 타고 숲으로 간다고 합니다. 이렇게 어쩔 수 없는 경우가 아니면 한밤중에 자전거를 타는 것에 사람들이 그다지 동의하는 것 같지는 않습니다. 대낮에도 자전거를 타다 보면, 자동차 운전자에게 우리가 안 보이는 건 아닐까 싶은 때가 있습니다. 움푹 파인 곳, 날카로운 가시, 펑크 등을 항상 쉽게 피할 수 있는 것도 아닙니다. 그래서 어둠 속에서, 특히 익숙치 않은 길에서는 사고의 위험이 엄청나게 높아집니다. 저는 한번도 가 본 적이 없는 장소에서 밤새 400킬로미터를 달려야 하는 행사에 참가한 경험이 있습니다. 전구 하나의 흐린 불빛에 의지해 가파르고 구불구불한 길을 빠른 속도로 내려갔었던 그때의 경험은 몇 년이 지난 지금도 저를 괴롭힙니다.

어둠의 시간

빅토리아시대를 다룬 소설이나 TV 드라마가 인증하는 것처럼, 우리의 조상들은 우리보다 훨씬 더 어두운 세상에서 살았습니다. 우리는 가로등, 자동차 불빛, 어디에서건 볼 수 있는 환한 스크린들에 끊임없이 노출되어 있습니다. 도시에 사는 사람들은 빛의 공해로 고통받고, 도대체 밤하늘이 실제로 어떤지조차 잊었을 정도입니다. 밤에 조우하게 되는 유령과 다른 것들에 대한 비이성적인 두려움에서 벗어났을지는 모르지만, 우리는 어둠에 적응하지 못하고 예전과는 달리 어둠 속에서 덜 편안하다고 느낍니다. 결과적으로, 우리는 우리 자신과 이 세상의 많은 부분과, 우리의 삶 사이에 여전히 벽을 만들고 있습니다. 어둠의 시간을 제한적이고, 방해가 되는, 심지어는 쓸모없는 시간으로 여깁니다. 그러면서 자전거를 타는 시간을 단축시키고, 태초부터 우리와 우리의 생각을 형성해 온 인류의 경험의 한 측면과의 연결성을 자발적으로 줄이고 있습니다.

세계 사이에 끼어들다

어둠 속에서 자전거를 탄다는 건 완전히 오늘 만의 일부도 아니고 전적으로 내일에 속하지도 않는 어떤 낯선 지역을 건너며 우리 자신을 발견하는 것입니다. 하루가 끝나면, 어둠은 우리에게 모든 걸 멈추고, 쉬고, 잠자리에 들라고 말합니다. 그러나 흥분, 음모, 가능성이 가득한 비주류의 세계 안에 여기 우리는 올빼미처럼 완전히 말똥말똥한 정신으로 깨어 있을 수 있습니다. 어두워진 후에 짓궂은 장난을 치거나 캐롤을 부르러 거리로 나가던 어린 시절의 흥분과 자유의 감각을 다시 발견할 수 있습니다. 바로 이런 비합리성과 모순 속에 반항과 권력에 대한 감각이 살아나며, 더 이상 우리 것이 아니라고 배웠거나 (혹은 들었던) 무언가를 되찾아야 한다고 생각합니다. 이 공간 속에서는, 시간과 마음을 벗어나, 상상력이 활개를 칠 수 있습니다. 바람이 많이 부는 밤, 보름달 아래, 나뭇가지들이 만들어 낸 터널을 지나면, 초조하게 기다리는 본사를 향해 긴급한 문서를 들고 달리는 메신저처럼 느껴집니다. 혹은 저만큼 뒤에서 온갖 악담을 퍼부으며 쫓아오는 당황하고, 좌절한 추적자들을 따돌리며 혁명의 도가니에 빠진 파리를 탈출하는 스칼렛 핌퍼넬 같다고나 할까요? 어떤 사람들은 믿을 수 없는 몰입도로 비디오게임을 하는 것 같다고도 했습니다. 각자 자기만의 방식대로 느끼는 겁니다.

마음챙김으로 벌이는 무모한 장난

그러나 한밤중에 자전거를 타며 이런 환상적인 시간을 가지려면, 그만큼 특별히 엄격한 지시 사항이 요구됩니다. 우선, 철저한 준비가 필요합니다. 눈에 잘 띄는 옷을 입어야 하고, 자전거는 핀볼 기계처럼 불이 켜져야 하고, 브레이크, 바퀴 등 모든 것이 정상적으로 작동해야 합니다. 일단 달리기 시작하면 당신의 모든 주의력을 도로 표면에 집중해야 합니다. 밝은 불빛, 이미 익숙한 길을 달리는 것이 날카로운 물건이나 움푹 파인 웅덩이를 피할 수 있는 최고의 방법입니다.

시각이 약해지면서 밤에는 다른 감각들이 더욱 예민해집니다. 한낮의 단순한 증기 집합체보다 맑고, 신선한 액체 같은, 더 차고 농밀하며, 축축한 풀잎, 나무 연기, 다가오는 비 등 온갖 향기로 가득한 공기의 질감을 알게 됩니다. 바람 소리는 커져서 마치 큰 파도처럼 나무에서 울부짖습니다. 바람이 잦아들면, 먼 곳의 교회 종소리, 지나가는 기차 소리, 올빼미의 울음소리, 여우의 비명이 들려옵니다.

한밤중에 마음챙김으로 벌이는 이런 무모한 장난은 그것만의 힘과 마법을 지니고 있습니다. 그것은 온 세상이, 당신 앞에 놓인 원뿔 모양의 빛 안으로 녹아드는 명상의 상태입니다. 지엽적인 시계視界와 산만함이 완전히 사라지고 속도에 대한 감각도 엄청나게 확대됩니다. 중력이 한 단계 낮아진 것 같은 착각이 들기도 합니다. 마음을 포함하여 모든 것이 더 가볍고, 더 자유롭고, 더 부드럽게 느껴집니다. 다른 세계로 들어가는 입장권입니다.

자, 당신은 오늘 밤 무엇을 할 건가요?

새와 동물을
만나다

저는 다른 그 무엇보다 자전거 타는 걸 사랑합니다. 엷은 얼음층, 심각한 질병 또는 변경할 수 없는 데드라인을 제외한다면 어느 것도 저를 막을 수 없습니다. 그러나 눈을 사로잡는 새나 동물을 지켜보기 위해서라면 잠시 자전거 타는 걸 멈출 수 있습니다. 그 순간만큼은 자전거는 우선순위가 아닙니다.

자연주의자는 아니지만, 평범한 일상의 과정에서 예상치 못하게 '야생'과 조우하는 건 저에게 소중한 만남이며, 완벽한 마음챙김의 순간을 맞이하게 됩니다. 온 세상이 멈춥니다. 시간이 측정이나 다른 의미를 갖지 못합니다. 내가 어디 있는지, 심지어는 내가 누구인지조차 잊어버립니다. 모든 다른 생각과 감각과 인식이 일단 멈춥니다. 그리고 이벤트가 끝나면, 저기 멀리, 아름다운, 제 생각에 더 나은 어딘가로부터 돌아왔다고 느끼게 됩니다.

자연 안에서 진심으로

자전거는 걷기만큼이나 친밀하게 우리를 자연 세계와 연결해 줍니다. 주어진 시간에 더 많은 것을 볼 수 있다는 보너스도 추가됩니다. 우리는 자전거 위에서 마주하는 풍경을 그저 스쳐 지나지 않고 그 일부가 됩니다. 자동차 안에 있을 때 빼앗겼던 감각을 최대한 활용하게 됩니다.

자연으로부터 격리되지 않고, 진정으로 자연 안에 머물게 됩니다. 마치 동물과 새들이 우리가 그들에게 위협적 존재가 아님을 이해하는 것처럼, 우리를 그들의 세계로 받아들입니다. 소리를 내지 않고 조용히 있으면 우리가 거기에 있다는 걸 그들이 눈치채기 전에 더 가까이 그들에게 다가갈 수 있습니다.

저는 동물들과 마법 같은 만남을 여러 번 경험한 적이 있었는데, 그저 앉은 채로 (혹은 선 채로), 종種과 경험 세계 간의 큰 차이를 넘어 두려움이나 편견 없이 서로를 바라보았습니다. 경사면이 높은 곳을 달리다 문득 눈을 들었을 때 담비나 뱀과 눈이 마주쳐 똑바로 쳐다보기도 했습니다. 조용한 찻길에서 여우들과 오랫동안 말없이 서로 바라보기 위해 가던 길을 멈춘 적도 있습니다. 흔히 여우들은 교활하다는 명성을 갖고 있지만, 저는 여우들의 태평함과 대담함을 좋아합니다. 풍부한 붉은빛 코트를 입은 뻔뻔하고 부주의한 동료입니다.

맹금류와의 화합

길에서 만났던 모든 야생동물 중에서 저는 맹금류를 가장 좋아합니다. 자전거를 타면서 독수리를 자주 보는데, 날개 길이가 1.5미터에 달하는 이 거대한, 갈고리 같은 날카로운 발톱을 가진 노란 눈의 맹수가 늘 저와 가까이 살고 있다는 사실에 저는 흥분하곤 합니다. 황조롱이가 들판 위를 맴도는 광경도 익숙합니다. 하지만 황조롱이의 형제로 은둔 생활을 하는 새매, 잠시만 머무르는 신비스런 사촌인 쇠황조롱이와 새호리기를 만난다는 건 매우 드물고, 강렬한 선물입니다. 그들의 절약 정신, 집중력 그리고 목적의 순수함이 진정 저를 기쁘게 합니다. 그들은 마치 우리 사이클리스트들이 그렇게 하듯이 전원 지역을 소리 없이 거의 보이지도 않게 뚫고 지나가는데, 저는 그들의 그런 신속하고 효율적인 비행을 좋아합니다. 그러나 역시 최고로 좋아하는 새는 외양간 올빼미입니다. 땅거미가 내려앉을 때 초원을 돌아다니는 이 창백한 유령의 모습은 말 그대로 저를 멈추게 합니다. 100미터 가까이 혹은 그 이상의 대형을 이루며, 바로 제 머리 위 혹은 제 앞에서 나아가는 이 조용하고 유령 같은 포식자들과 함께 달렸던 영예로운 기회가 몇 번 있었습니다. 자신을 겸손하게 만드는 그런 고양된 순간은 미리 준비할 수도 없고, 결코 잊혀지지도 않습니다.

자연이 주는 보상

일부러 더 길고, 더 험한 길을 선택할 때, 말도 안 되는 시간에 나갈 때, 악천후에 대담하게 도전할 때 자연이 제가 다른 방법으로는 도저히 볼 수 없는 그런 광경을 얼마나 자주 보상으로 선사하는지 놀라울 따름입니다. 최근에 며칠 연이어서 일부러 길을 돌아 갔더니, 막 싹을 틔운 밀밭을 가로지르는 커다란 갈색 토끼와, 이 세상에서는 한번도 본 적이 없는 붉은 솔개 한 쌍을 볼 수 있었습니다. 그런 만남은 시간이 더 걸리고 수백 배의 노력이 들어도 아깝지 않습니다. 마음챙김으로 자전거를 타는 사람들에게 야생동물들에 주의를 기울이는 건 세계와 계절을 연결하고 유지하는 행위입니다. 철새들은 그 어떤 달력보다 정확하게 계절이 바뀌고 있다는 걸 말해 줍니다. 어떤 새들은 겨울의 전령으로 도착하고, 어떤 새들은 먼 곳에서 여름을 가져왔다가 떠날 때 다시 거두어 갑니다.

우리는 그들의 공간과 자유를 공유하고, 그들이 마시는 공기를 마시고, 그들이 느끼는 태양과 비를 느끼며 그들의 숨겨진 삶의 엿보는 특권을 누릴 수 있습니다. 그들은 우리 모두가 살아 있는 세계의 일부이며, 그것을 통해 자신만의 길을 발견한다는 사실을기억하게 합니다.

자동차 도로에서
자전거를 탄다는 것

집중한다는 건 마음챙김의 기본적인 주제 중 하나입니다. 현재의 순간에, 지금, 이곳에 집중한다는 건 무언가를 실행할 때 궁극적으로 매달려야 하는 고리 같은 것입니다. 그리고 그것은 찻길에서 다른 차량들과 함께 달릴 때 가장 중요합니다.

자전거로 찻길을 달리다 자동차와 만날 때 절대로 산만해지면 안 되는데, 최우선적으로 산만해지는 걸 피해야 합니다. 복잡한 찻길에서 마음챙김으로 자전거를 탄다는 건, 세계로부터 멀어지는 것과 정확히 반대이기 때문입니다. 눈과 귀, 본능을 적극적으로 개입시켜야 합니다. 뇌에서 자각을 맡은 부분은 뇌로 유입되는 감각의 정보들을 처리할 수 있지만, 생각하느라 잠깐이라도 멈춘다면, 말 그대로, 당신이 거기에 있지 않은 순간에는 무의식이 그 간극을 메워 줍니다. 운전자가 당신에게 시간을 충분히 주지 않는 그런 불가피한 경우에는 어떻게 될까요? 차들이 당신의 팔꿈치에서 겨우 15센티미터 간격을 두고 달린다면, 반대 방향 차선으로 들어갔다면, 사각지대 모퉁이에서 유턴을 해야 한다면, 혹은 아주 좁은 시골길을 달린다면 어떻게 해야 할까요? 이런 순간이야말로 마음챙김의 상태가, 말 그대로 당신의 생명을 구하는 때입니다.

순간을 수용하는 것

이런 순간에 (저는 이미 여러 번 겪었습니다) 저는 우주를, 생명 그 자체를 느끼며 온몸이 움츠러듭니다. 나라는 존재, 내가 알고 느끼는 모든 것이 그저 좁은 폭에 짧은 거리에 불과한 공간으로 압축되고, 그 공간의 밖에는 아무것도 존재하지 않습니다. 모든 것이 변하거나 혹은 아무것도 변하지 않는 시간의 파편입니다. 그것에 대해 생각할 만한 여유가 없습니다. 상황을 파악하려고 애쓰다 보면 이미 너무 늦을지도 모릅니다. 제가 할 수 있는 모든 건 내가 있는 곳, 지금 하고 있는 것에 온 정신을 집중시키는 것입니다. 온전히 정밀하게 집중된 이런 상황에서, 뇌는 데이터를 분석하고, 가능한 시나리오를 순식간에 훑어 보고, 환상적인 속도로 선택하여 결정하고 불필요한 것을 폐기하며 워프 드라이브(공간을 일그러트려 4차원으로 만든 후, 두 점 사이의 거리를 단축해 광속보다 빨리 이동하는 것을 말한다)로 변합니다. 저는 가끔 끔찍한 임사 체험의 현장에서 돌아오곤 합니다. 그 경험은 그 당시에는 차원과 영겁을 넘어 확장되는 것 같았는데 눈을 깜박이느라 그만 놓치고 말았습니다.

마음챙김이란 편견 없이 순간을 받아들이는 것입니다. 있는 그대로일 뿐, 더 이상은 없습니다. 차량들 틈바구니에서 자전거를 탄다는 건, 우리가 매번 모든 것을 제대로 할지라도 어느 날에는 그것만으로 충분치 않다는 걸 받아들이라고 강요합니다. 수용하기가 쉽지 않더라도 받아들일 수밖에 없다고 합니다. 자전거가 우리에게 가르쳐야만 하는 수업 중에서 가장 어려운 수업입니다.

그러나 수용은 체념과는 다릅니다. 무언가를 끊임없이 의식하면서 편집증이 될 필요도 없습니다. 작동이 가능한 어떤 체제와 대응 방식에 대한 선택의 자유를 줍니다. 신의 보호를 믿는다면, 그것을 부르고 싶을지도 모릅니다. 그러나 대부분의 신들은 우리가 스스로를 보호하기 위한 조치를 취하기에 충분한 정보를 이미 우리에게 주었다는 점을 지적합니다. 저는 헬멧을 꼭 착용해야 하고 언제나 밝은 색상의 옷을 입을 것과 어두워진 후에 외출할 때는 크리스마스트리처럼 환하게 조명을 켜고 있어야 한다고 주장합니다.

육감

이 모든 것들이 매우 기술적이고, 기능적인 종류의 마음챙김처럼 보인다면 그건 제가 용서를 구할 문제입니다. 긴장을 풀고 명상에 잠긴다기 보다는 위급하고, 강하고, 반드시 해야만 하는 그런 종류입니다.

그렇지만 그럼에도 불구하고 이것도 마음챙김입니다. 예를 들면, 특정 상황일 때는, 도로에서 당신이 어디 있는지에 특별히 신경을 곤두세우는 것도 마음챙김입니다. 마음챙김 사이클리스트는 도로의 배수로에 바짝 붙어서 가지 않으며, 주차된 차의 문이 바로 그들의 코앞에서 열릴 가능성도 있다는 것을 인지하고 있습니다. 그걸 예측하기도 합니다. 도로 경계석으로 강제로 진입하거나, 과속하는 SUV 차량 때문에 길을 차단 당하면 비난과 욕설이 튀어나오는 걸 막기 힘들겠지만, 그래도 그런 순간에도 마음챙김을 해야 합니다. 분명히 아주 불쾌한 일이지만 그걸로 끝이라는 걸 알아야 합니다. 만약 악의적으로 그런 상황을 벌인 경우라면 차량 번호를 기억해야 합니다. 고함을 지르고 반격을 하려는 충동은 정말 자연스런 반응입니다. 그러나 아드레날린과 코르티솔은 반드시 명령에만 따릅니다. 이것 또한 지나갈 겁니다. 꼭 그래야만 합니다.

시간이 흐르면서, 이런 인식은 육감으로 발전할 수 있습니다. 자전거를 20년 이상 타다 보니, 저는 뒤에서 어떤 종류의 차량이 다가오는지 뿐 아니라 그 소리만으로도 공간이 넉넉할지, 부족할지, 아니면 전혀 없을지를 감지할 수 있게 되었습니다. 직감과 경험은 자전거를 탈 때 함께할 수 있는 좋은 친구들입니다.

대부분 다른 차량들과 함께 달리고 그러면서 발생하는 문제들은 자전거를 탈 때 피할 수 없는 부분입니다. 사이클리스트로서 우리 자신이 해결책의 일부이지만, 그래도 가야 할 길이 멉니다. 이제 도로의 현실을 공유 공간으로 끊임없이 인식하고 받아들여야 하며, 우리 스스로가 세상에서 보고 싶은 변화를 담고 있어야 합니다.

길은
계속 이어진다

100이라는 숫자는 '정확성' 또는 완전함으로 느껴지는 묘한 매력을 갖고 있습니다. 예를 들어, 100년이 되었다는 것은 개인에게나 조직에게나 일반적으로 획기적인 사건입니다. 사이클리스트에게 '100점'으로 알려진 100마일 혹은 100킬로미터는 강력한 신비로움을 선사합니다.

그 첫 번째 100점을 완성하는 건 사이클리스트에겐 통과의례입니다. 눈에 보이지 않는 문턱을 넘어 그저 자전거를 타는 사람이 아닌 진정한 '사이클리스트'가 되는 순간이며, 절대 빼앗길 수 없는 자격입니다. 완전히 죽을 만큼 지친 채로 투르 드 프랑스를 완주한 사이클리스트가 자신을 '길 위의 거인'이라고 부르며 자부심을 갖는 것과 비슷합니다. 100점은 단순하고, 식별이 가능한, 부인할 수 없는 수치이기 때문에, 사이클리스트가 아닌 보통의 사람들에게는 일종의 부적처럼 느껴지는 듯합니다. 그러나 이런 객관적인 수치를 말하지 않고 그저 '장거리 주행'이라고 부를 때는 개개인마다 좀 더 주관적인 잣대를 적용합니다. 50마일은 상당히 겁이 나는 거리이지만, 수많은 자선 행사가 증명했듯이, 1년에 364일을 자전거에 손도 대지 않는 사람들에게도 가능한 거리입니다. 같은 이유로, 우리 대부분은 하루에 190마일을 달리라고 하면 우선 손부터 내젓지만, 이것은 프로들이 참여하는 밀라노에서 산 레모까지의 경기 거리에 해당하며, 선수들은 7시간 혹은 그보다 더 짧은 시간 안에 완주합니다.

양이 아닌 질로

거리는 사실 자전거 타기의 전체에서 절대적으로 중요하지는 않습니다. 프랑스 알프 듀에즈의 오르막길은 9마일도 안 됩니다. 프랑스 방투산은 13마일이 좀 넘을 뿐입니다. 파리 – 루베의 아렌베르그 산림 지역은 겨우 1.5마일에 불과합니다. 이 길들은 혹독하게 단련된 프로 선수들의 몸과 마음을 완전히 지치게 하는 곳으로 정평이 나 있습니다.

그래서 자전거 선수들은 항상 거리가 아닌, 지속 시간(보통 몇 시간이냐)으로 라이딩을 계산합니다. 모든 스포츠가 그런 건 아니지만 사이클링에서 가장 어려운 도전은 시간 기록이라는 걸 인정합니다. 독특하게도, 누가 정해진 거리를 가장 빨리 달리느냐가 아니라 정해진 시간에 누가 가장 먼 거리를 달리느냐를 봅니다. 1972년에 기록을 깬 벨기에의 자전거 선수 에디 메르크스는 자신의 일생에서 가장 힘들었던 경기라고 고백했고, 그의 수명을 4년은 단축시켰다고 했습니다.

여기서 우리가 정말로 말하려는 건 상대성입니다. 아인슈타인은 "뜨거운 불 위에 손을 1분간 올려놓으면, 그 1분은 한 시간 같을 겁니다. 그러나 아름다운 여성과 한 시간을 함께 있다 보면 마치 1분처럼 느껴집니다."라고 표현했습니다. 다르게 말하자면, 가장 친한 친구와 여름날에 100킬로미터를 달리면, 그저 동네 한 블록을 돌고 있는 것처럼 느끼게 됩니다. 혼자서 한 블록을 도는데 우박이 쏟아지고 바퀴에 펑크가 세 번이나 나면 그 거리가 100마일처럼 느껴질 겁니다.

그래서 우리는 항상 양量이 아닌 질質이라는 측면에서 라이딩을 바라봐야 합니다. 거리에 집중한다는 건, 우리가 지금 가고 있는 물리적인 길에 온 정신을 쏟지 말고 도로 아래 보이지 않는 지점에 자신을 투영하는 작업입니다. 아직도 한참을 더 가야한다는 생각에 집중하는 건 울퉁불퉁한 코너를 돌아 이 언덕을 오르는 데 도움이 되지 않습니다. 또한 당신이 특정 주행 거리를 계획했는데 그 거리를 돌파하지 못할 경우, 그 라이딩을 (그리고 당신 자신을) 실패했다고 생각하기도 하는데, 우리가 절대로 빠지지 말아야 할 위험한 생각입니다.

언제나 마음챙김으로

장거리 여행 내내 마음챙김을 유지한다는 건, 특히 혼자일 경우, 정말 어려운 일입니다. 하찮은 소음이나 약간의 불편함도 신경이 쓰이고 체력을 소모하게 합니다. 자전거의 상태가 양호하고, 자전거와 사이클리스트 둘 다 제대로 장비를 갖추고 있다는 걸 확인하면 훨씬 쉬워지고 편안해집니다. 방수복이나 펌프를 집에 두고 왔는데, 50마일을 빗속에서 자전거를 타야한다면 그야말로 고된 노동처럼 느껴질 것입니다.

마음챙김으로 자전거를 탄다는 건 또한 몸이 보내는 신호를 예민하게 자각하고 정기적으로 에너지를 공급하는 걸 의미합니다. 장거리 라이딩은 근육에 에너지를 제공하는 글리코겐 저장분을 소모시킵니다. 이 저장분을 다 써 버리면 저장고가 텅 빈 상태로 라이딩을 하게 됩니다. 그 결과 갑작스럽고 극적인 체력 저하가 오게 됩니다. 영어권에서는 이러한 상태가 '헝거 노크hunger knock(저혈당 증상)' 혹은 '봉크bonk 현상(자전거로 장거리를 가는 도중 체력이 소진되어 갑자기 몸이 나빠지는 현상)'으로 알려져 있고, 프랑스인들은 다소 기발하게 '녹색 이빨을 가진 마녀' 혹은 보다 생생하게 '망치를 가진 사람과의 만남'이라는 표현을 사용합니다. 꼭 한 번 경험하고 싶은 게 아니라면 저를 믿으셔야 합니다.

다른 할 일이 아무것도 없이 하루 종일 자전거를 탄다는 건 자전거 경주 선수이건 또 취미로 자전거를 타는 사람이건 최대한의 즐거움을 만끽할 수 있는 기회입니다. 만약 오늘 그 행운이 당신에게 찾아왔다면 소리, 광경, 냄새, 감각을 총동원해서, 낮이 더 짧아지고 칙칙한 날씨일 때를 대비하여 밝게 빛나는 황금 동전처럼 저장해 두세요. 속도나 거리를 목표로 정하지는 마시길. 중요한 건 양이 아니라 질이라는 걸 잊지 마십시오.

함께 타거나
혼자 타거나

사이클링은 스포츠로서는 드물게도 팀원, 파트너 혹은 경쟁 상대가 꼭 필요하지 않은 운동입니다. 기본적인 활동이나 장비는 혼자이건, 수천 명과 함께이건, 자선 행사건 경주이건 관계없이 늘 같습니다. 그래서 혼자 타건, 누구와 함께 타건, 그건 당신의 기분과 의욕에 따라 전적으로 당신이 선택할 사항입니다. 그러나 마음챙김의 관점에서 보자면 몇 가지 중요한 차이가 있습니다.

사이클링 경력 동안 저는 항상 훌륭한 파트너와 함께하는 행운을 누렸습니다. 많은 사람들이 경험, 지식, 새로운 루트,

좋은 시간을 공유할 수 있는 누군가를 발견하기를 원합니다.

　두 명이 모두 체력이 좋으면, 혼자일 때보다 더 멀리, 더 빨리 가도록 서로를 독려할 수 있습니다. 서로 교대로 앞쪽에서 바람을 막아 가며 라이딩을 할 수 있고, 펑크가 나거나 자전거에 문제가 생겨도 공동으로 대처하면 됩니다. 서로 에티켓과 상식선을 지키며 함께 라이딩을 하려면 자신의 몸과 마음 상태뿐 아니라 상대방의 상태도 파악하고 있어야만 합니다. 상대방의 강점과 약점에 유의하며 서로에게 이익이 되도록 노력해야 합니다. 이는 일종의 집단적인 공동의 마음챙김이라고 할 수 있는데, 자신에게만 집중하는 것이 아니라 더 폭넓고, 더 포괄적으로 인식하는 문제이기 때문입니다.

다수의 힘

이것은 단체로 라이딩을 할 때 더 결정적입니다. 집단 속에서 당신이 어느 위치에 있는지에 대해 끊임없이, 예리하게 파악해야 하는데, 바퀴나 팔꿈치 혹은 핸들이 닿는 경우 몸, 팔다리, 유연성 없는 하드웨어가 엉망으로 꼬이며 모든 사람들이 넘어질 위험이 있기 때문입니다. 또한 적절한 속도로 움직이는지에 대한 판단도 중요하며, 어느 한 사람 때문에 단체의 속도가 늦추어져도 안되고, 혼자 뒤처져서 단체로부터 멀어져서도 안 됩니다. 물론 바람을 막는 차례도 지켜야 합니다. 단체로 라이딩할 때는 팽팽한 긴장감, 집중력, 빠르고 물 흐르는 듯한 움직임, 시간, 완벽해지려는 용기가 필요합니다. 그러나 이 모든 노력에 대한 보상은 놀랍습니다.

드래프팅drafting이라고 알려진 후류後流에서 달리면 원래 필요한 노력보다 1/4이 감소하며, 그 그룹 전체가 혼자 달릴 때보다 훨씬 빠른 속도로 훨씬 먼 거리를 갈 수 있습니다. 한동안 저는 자전거 동호회에서 자전거를 탔는데 집단의 노력이 가진 놀라운 잠재력을 경험하는 계기가 되었습니다. 순풍이 부는 어느 날, 모든 사람들이 물 흐르듯 끊기지 않고 자전거를 타고 있었는데 우연히 자전거 계기판을 보니 거의 시속 40마일의 속도로 날 듯이 달리고 있었습니다. 결코 잊을 수 없는 경험이었습니다. 들리는 소리라고는 아스팔트 위를 힘껏 달리는 타이어의 낮고 허허로운 포효와, 체인의 윙윙거림, 공기를 가로지르는 알루미늄 바큇살의 쉬익거리는 쇳소리 뿐이었습니다. 마법 같은 감동적인 소리였습니다. 움직임과 인간의 힘이 어우러진 음악 소리.

홀로, 그러나 외롭지는 않은

단체 라이딩과는 반대로, 홀로 길을 나서면 자신만의 속도를 설정하고 자신만의 리듬을 찾을 수 있습니다. 속도를 늦추거나, 기다릴 필요도 없고, 애써 따라잡으려고 하지 않아도 되고, 집중력을 흩트리는 대화 소리도 없습니다. 자신이 하는 일과 인식하는 순간에 온전히 집중할 수 있습니다. 저에게 이것은 가장 순수하고 가장 달콤한 모습의 자유입니다.

여덟 살 때, 처음으로 혼자서 동네 한 바퀴를 돌아도 된다는 허락을 받았던 그날을 지금도 생생히 기억합니다. 흥분, 기대, 초조함, 결의의 감정들이 뒤섞였고, 저는 완벽하게 혼자였지만 외롭지는 않았습니다. 그 대신 새로 발견한 고독과 자유를 한껏 즐겼습니다. 일단 길을 나서면, 영원히 계속 나아갈 수 있다는 걸 문득 깨달았을 때, 저에게 그건 해방과 무한한 가능성의 순간이었습니다. 40년이 지난 지금도, 저는 길을 나설 때마다 똑같은 감정에 휩싸입니다.

자전거를 타는 순간, 그곳은 우리가 온전히 혼자일 수 있는 몇 안되는 공간 중 하나입니다. 집에 있을 때조차, 전화벨이 울리고, 누군가가 문을 두드리고, 아이들과 반려견이 끊임없이 부르고,

미지급 청구서와 잔뜩 쌓인 집안일이 노려보고 있습니다. 자전거를 탈 때는 일부러 생각을 하려고 해야만 떠오릅니다.

혼자 길을 나서면, 우리 자신이 동기와 감동의 유일한 원천이 됩니다. 언덕을 오를 때 우리를 격려하는 사람도, 반대편으로 속도를 내며 내려갈 때 응원하는 사람도, 돌아왔을 때 등을 두드리며 축하하는 사람도 없습니다. 자신의 운명을 완벽하게 통제하지만, 그러기 위해서는 끊임없이 자신을 의식해야만 합니다. 마음챙김 라이딩은 집으로 갈 시간이 되었다고 느끼면 그렇게 하고, 아직 에너지가 남아서 그것을 태울 의지가 있으면 그렇게 하는 것을 의미합니다. 누구와 함께 타건, 자전거는 조력자로, 파트너로 그리고 당신 자신이 확장된 존재로 언제나 거기에 있습니다. 말하자면, 당신이 홀로 남겨지는 일은 결코 없습니다.

정신력과 체력

사이클링은 고된 노동입니다. 어느 정도의 거리를, 어떤 속도로, 어느 지역으로 가건 관계없이 책상처럼 평평한 길은 없습니다. 그래서 자전거를 타려면 체력과 건강이 아주 중요합니다. 그것이 많은 사람들이 우선적으로 사이클링을 시작하고 계속 고집하는 주된 이유들 중 하나입니다.

　종종 사이클링은 우리 자신과 자연의 힘 −중력, 관성, 마찰, 공기 저항, 구름 저항− 사이에서 녹초가 되고 질질 끄는 경기가 되어 버리곤 합니다. 자전거를 타는 기본 기술은 단순하고, 물리 법칙에 따르면 당신이 더 힘을 낼수록 더 빨리 달릴 수 있습니다. 그러나 사이클링의 미美는 신체의 힘에만 의존하는 강인함에만 있지 않습니다. 사이클링은 마인드 게임이기도 합니다.

긴 게임을 하다

더 건강하고 더 강인한 체력을 기른다는 건 그 자체로 좋은 일입니다. 건강상의 이점 외에도 우리의 한계를 넓히고 시야를 확장합니다. 저한테 건강한 체력은 자전거로 만날 수 있는 모든 지형을 다룰 수 있다는 자신감이고, 특정 언덕 때문에 굳이 그 길을 피하지 않아도 되는 것을 의미합니다. 어쩌면, 오늘 50마일을 달리겠다고 마음먹고 나갈 때, 그 정도는 나의 한계 안에 있다는 걸 아는 것일 수도 있습니다.

그러나 자전거를 잘 타고, 앞으로도 몇 년간은 그렇게 할 수 있다는 걸 확인하려면, 날것 그대로의 체력을 더 키우려고 애쓰기 보다는 어떻게 그 체력을 효율적으로 쓸 수 있는지를 고민해야 합니다. 우리는 길고 긴 게임을 해야만 하기 때문입니다. 얼마나 많은 노력을 기울여야 하는지에 무게 중심이 있다는 의미이기도 합니다. '좋은 운동'을 추구한다면서, 많은 사람들이 과도하게 긴 시간 동안 자전거를 타고 있습니다. 역설적이게도 이렇게 자전거를 탄다고 체력이 안정적인 상태로 유지되지도 않을 뿐만 아니라, 더 강해지거나 더 빨라지지도 않습니다. 잔뜩 잡아당겨 늘린 상태로 있는 고무 밴드처럼 됩니다. 그래서 특별히 가파른 언덕을 오르거나, 특별히 긴 하루를 보내기 위해 조금 더 힘을 내야 할 때는 아무것도 남아 있지 않게 됩니다.

다리에 대해 알게 되다

스포츠의 경우는 예외지만, 삶의 구석구석에 배어 있는 '고생이 없으면, 얻는 것도 없다'는 주문은 자전거를 탈 때는 내려놓아야 합니다. 이 주문은 다치지 않으면 충분히 노력한 게 아니며 최상의 결과도 얻을 수 없다고 주장하는 그런 죽어 버린 개념이기 때문입니다. 어떻게든 언덕에 올라갈 수 있다면, 비록 일부 구간은 걷더라도, 올라갔다는 사실이 중요하고, 그게 전부입니다. 얼마나 빨리 달리는지, 속도는 전혀 중요하지 않습니다.

물론 약간의 노력이 필요하다는 건 인식하고 있어야 합니다. 사람의 근육이라는 것은 현재의 능력보다 더 많은 것을 요구받을 때만 확장되고 강해집니다.

니체는 "우리를 죽이지 않는 것이 우리를 더 강하게 만든다."는 말을 남겼지만, 무언가를 다시 만들려면 (조심스럽게) 부수어야만 합니다. 그러니 자전거를 탈 때는 다리에 집중하세요. 다리를 움직일 때 얼마나 힘들다고 느끼는지, 얼마나 노력하고 있는지를 알아야 합니다. 하루 종일 이런 정도로 탈 수 있을까요? 현재보다 훨씬 더 힘을 내야 할 필요가 있는 경우, 예를 들어 언덕을 오르거나 할 때 자신이 얼마나 용이하게 힘을 쏟을 수 있는지 혹은 그럴 수 없는지를 살펴 보세요.

살피고 수용하기

"당신이 할 수 있다고 생각하건, 혹은 할 수 없다고 생각하건 관계없이, 당신 생각은 무조건 맞다."

이 말은 사이클링 세계에서 가장 자주 인용되는 말들 중 하나입니다. 다르게 표현하자면, 이 언덕을 올라갈 수 있는지, 이 속도를 유지할 수 있는지, 이 역풍에 맞서 얼마나 더 갈 수 있는지를 머리로 열심히 질문을 던지기 시작하는 순간, 다리는 모든 추진력을 잃고, 당신은 갑자기 기를 쓰며 분투하게 되는 것입니다.

저는 긍정적인 사고에 대해 선언을 하려는 게 아닙니다. 담배를 끊거나, 몸무게를 줄이거나, 자신에게 괴로움을 주어야 하는 어떤 신체적인 박탈감을 한번이라도 경험해 본 사람이라면, 의지력은 신뢰할 수 없으며 과대평가되고 있다고 주장하고 싶어질 겁니다. 도전이란 우리가 할 수 있느냐 없느냐에 대해 생각하는 게 아니라, 순간을 있는 그대로 관찰하고 수용하는 것입니다. 자전거 안장 위에서, 우리의 심리가 가진 힘은 끊임없이 분석되고 정제됩니다. 길고 가파른 오르막길 (혹은 짧지만 매우 가파른 오르막), 가혹하게 불어 대는 역풍, 추위, 더위, 비. 이 모든 것들이 신체적으로 지쳐 있을 때 정신적인 사기를 떨어뜨리는 역할을 합니다.

그러나 자전거는 몸은 물론이고 마음도 단련합니다. 더 강하고 더 빨리 회복하도록 해 줍니다. 언덕을 넘는 것, 악천후, 자전거 고장, 위험천만할 정도로 아슬아슬하게 자동차와 스치는 것, 모든 것이 우리에게 그동안 저축해 두었던 불굴의 용기, 인내심, 대담함, 강인함을 꺼내 쓰라고 요구합니다. 근육의 용량을 초과하면 근육이 강해지는 것처럼, 정신적인 자원을 늘리면 정신력이 그 크기와 힘에 비례해 성장하게 됩니다. 이것은 삶 그 자체를 위해 준비된 훈련입니다.

도로가 아닌 곳에서
자전거 타기

더 갈 수 있는 길이 없어서 한때는 모든 사이클리스트들이 도로가 아닌 곳에서 자전거를 탔다는 사실을 요즘에는 잊고 있는 듯합니다. 영국과 미국에서 고속도로를 개선하는 문제를 국가의 우선순위로 삼도록 정부에 로비를 벌인 사람들이 자동차 운전자가 아니라 자전거를 타는 사람들이었다는 것입니다. 그러나 차량이 증가하면서 자전거들이 아스팔트 길을 떠나 주기를 호소하고 있고, 기술이 발전한 덕분에 산악자전거와 겁이 없는 사이클리스트들은 험악한 산길도 마다하지 않게 되었습니다.

자전거로 도로를 달리려면, 다른 차량들의 움직임이나 도로 상황에 전적으로 집중해야 합니다. 그런데 너무 많은 것에 주의력을 집중시킨다는 건 어려운 일이면서 동시에 위험합니다. 도로가 아닌 길로 가면 다시 집중력이 높아집니다. 다른 차량들에 신경 쓸 필요가 없게 되면서, 우리 자신, 주변 환경, 흙길의 소리와 질감, 새소리, 햇빛, 공기의 냄새와 농도에 완전히 몰입할 수 있습니다. 팔다리, 폐, 심장이 작동하는 걸 마음껏 느끼고 누립니다. 몸이 젖으면, 마치 성인이 된 것처럼 분별력 있게 스포츠와 운동 연습을 하는 척하며 맘껏 진흙탕 속에서 뒹굴고 온몸이 더러워지는 걸 즐기던 어린 시절을 떠올려 보세요. 영국의 낭만주의 시인인 윌리엄 블레이크의 '사람과 산이 만나면 대단한 일이 벌어진다'는 구절이 생각납니다. 블레이크 시인이 '만나다'라는 동사를 사용했다는 것이 이 지점에서는 중요합니다. '만나다'라는 동사는 친구, 동료, 마음뿐 아니라 목표, 목적, 경쟁자에게까지 적용할 수 있습니다. 적절한 마음 상태에서 산 또는 언덕, 또는 숲, 또는 어떤 다른 장소에 접근하는 것이 중요한 이유입니다.

자연의 손님

목적에 맞게 설계하고, 등급을 나누어 라이딩을 하도록 안내되어 있는 전용 탐방로에서는, 어깨를 펴고 당당하게, 가만히 내려다보며 자연과 만날 수 있습니다. 여기서 우리가 직면해야 하는 도전들은 (점프, 갓길, 나무 판자를 깔아놓은 길, 절벽) 인간의 상상력에서 나온 것들입니다. 자연이라는 기초 위에 우리의 기술과 대담성을 시험해 보려는 의도로 만들어진 인공물입니다. 자연은 너그러우며, 난폭한 어린아이와 함께 뛰어노는 커다란 몸집의 유순한 개처럼, 인간이 자신에게 맞서고 전복시키려는 걸 허락하면서 품위와 우아한 유머로 인간과의 게임에 참여합니다.

그러나 산, 언덕, 숲, 오솔길에서 우리는 자연의 손님입니다. 비록 엔진을 사용하는 것보다는 덜 방해가 되겠지만, 여전히 그곳에서는 생경하게 보일 바퀴, 금속, 기계장치를 자연의 영역으로 가져갑니다. 그래서 우리는 어느 정도는 경건하고 겸손하게 자연과의 조우에 접근해야만 합니다. 만약 우리가 보거나, 듣거나, 생각하거나 느끼지 않고 지역을 여행하고 있다면, 우리는 방문자가 아니라 침입자이며, 거기에서 발견한 것들을 놓치거나 심지어는 파괴할 위험마저 생깁니다.

또한 자연에게 우리 사이클리스트만이 손님이 아니라는 사실도 알아야 합니다. 도로는 명목상으로는 모든 사람들이 동등한 권리를 가진 공유 공간이지만, 사이클리스트들 대부분은 다른 누구보다 자동차 운전자들이 더 우선권을 가진 것처럼 느낍니다.

그러나 전원 지역에서는 완전히 달라집니다. 제가 사는 지역에서는, 일요일 오후 긴 산책을 즐기는 사람들, 반려견을 동반한 보행자들, 소풍 나온 사람들, 가족들, 조류를 관찰하는 사람들, 행글라이더들, 연 날리는 사람들, 조깅하는 사람들, 승마를 즐기는 사람들, 모두가 함께 공존하고 있습니다. 집에서 기르는 가축들과 야생동물들은 말할 것도 없습니다. 우리가 그들의 일부가 되기를 바라는 것처럼, 그들이 이젠 우리의 인식과 수용의 일부가 되어야 합니다.

자연에 존재하고 함께한다는 것

정교한 서스펜션, 브레이크, 변속 시스템을 갖춘 산악자전거로 이제 우리는 거의 모든 형태의 지형에서 자전거를 탈 수 있습니다. 산악자전거 덕분에 더 멀리, 더 빨리, 더 외진 지역까지 갈 수 있습니다. 또한 잘 닦여진 도로가 아닌 길을 달릴 때, 그런 길의 특성인 거친 표면, 가파른 경사, 자연적인 위험으로부터 우리를 보호해 줍니다. 기술이 지나치게 발달하며 사람은 그저 기술들을 이용하는 관리자에 머무르게 되어, 정복할 수 없다는 무력감, 자격 미달이라는 자괴감을 갖기 십상인데 그런 순간으로부터 우리를 분리시킵니다. '대단한 일'을 해야 한다는 데 너무 매달리면, 자연과 함께할 수 없습니다. 우리 자신의 목적을 위해 자연을 통제하고 끌어들이려는 마음이 앞서기 때문입니다. 새로운 지역을 탐험하려는 욕구는, 잘 닦인 도로가 아닌 거친 길에서 자전거를 타며 스스로를 만족시킬 수 있다는 인간의 원초적인 충동입니다. 그러나 우리가 발견한 것을 소유하고, 착취하고, 정복하려는 우리의 굳어 버린 본능을 우선 알고 있어야 합니다.

도로가 아닌 곳으로 여행을 하면, 정신없이 돌아가는 삶의 속도와 차량의 홍수로부터 탈출하여 안식처로 들어간다고 느껴집니다. 자전거는 두 발로 걷는 것보다 우리를 더 멀리 데려가는 조력자입니다. 자전거는 우리를 땅, 공기, 하늘과 연결하고, 길의 표면에 따라, 문자 그대로 우리 자신을 더 깊은 의식으로 흔듭니다. 그리고 저와 마찬가지로 당신도 가장 가까운 산에서 멀리 떨어진 곳에 살고 있다고 해도, 자연이 어떤 형태를 취하건, 우리가 자연을 적절한 시기에 적절한 존경심을 갖고 만날 때 엄청난 일이 일어날 겁니다.

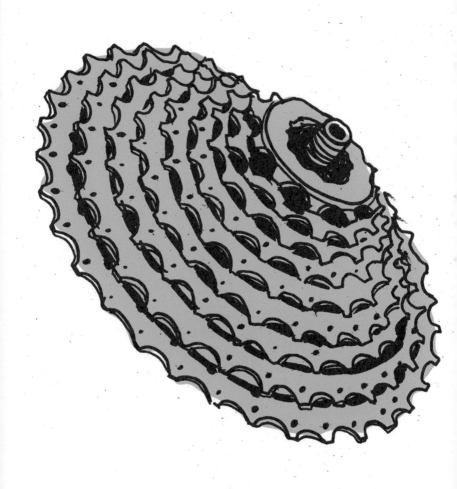

관심의
무게 중심을 옮기기

우리가 어렸을 때는 자전거에 몇 개의 기어가 달렸는가가 중요한 자랑거리였습니다. 그때는 당연히 기어가 많을수록 좋았습니다. 이런 식의 접근은 그저 자전거에만 해당하는 게 아니라 삶의 더 많은 측면에서 흔히 나타나는 모습이었습니다. 그런데 어른이 된 우리 대부분은 여전히 기어를 숭배의 대상으로 만드는 경향이 있습니다. 요즘에는 최대 33단의 기어가 있는 자전거를 구입할 수 있습니다. 경제적인 여유가 있다면, 무게를 줄이기 위한 탄소 섬유와 티타늄 부품, 부드러움과 내구성을 위한 세라믹 베어링, 무선으로 작동하는 전기 기어박스를 장착한 전문가 수준의 키트까지 마련하여 달릴 수 있습니다. 이보다 더 소박한 제품도 견고하고, 안정적이며, 조정하기 쉽고, 직관적이라 어린이라도

5분 안에 기능을 다 익힐 수 있습니다. 투르 드 프랑스를 만든 앙리 데그랑주Henri Desgrange가 보면 무덤 속에서 펄펄 뛰며 고개를 돌릴 만한 장비들입니다. 화를 잘 내고, 독재적인 성향으로 홍보에 굶주린 데그랑쥬는 의도적으로 이 시합을 가능한 한 비인간적인 것을 요구하는 대회로 만들었습니다. 예를 들어, 1937년까지 투르 드 프랑스 대회에서는 변속기 사용이 금지되었었습니다.

"난 여전히 가변 기어는 45세 이상의 사람들만 사용해야 한다고 생각한다."

그가 남긴 유명한 말입니다.

"인공으로 만든 변속기의 기술보다 오로지 사람의 근육의 힘으로만 승리하는 것이 더 멋지지 않나요?"

타협의 여지가 없는 그의 이런 입장은 선수들을 벌 받는 노동자처럼 전락시켜, 1924년에 언론인인 알베르 롱드르가 이 대회에 참가한 선수들에게 '길 위의 죄수'라는 별칭을 붙일 정도였습니다.

기어도 마음챙김으로

다행스럽게도, 지금은 데그랑주의 엄격한 제약에 얽매이지 않으며, 우리 대부분에게 이제 기어는 자전거 타기의 일부가 되었습니다. 그러나 기어가 도대체 무엇을 위한 것인지 항상 유념해야 합니다. 기어는 사이클링 자체를 더 편하게 타기 위한 것이 아닙니다. 기어는 인간의 엔진을 가능한 한 효율적인 힘의 원천으로 만들기 위해 고안되었습니다. 경사도나 지형에 관계 없이, 최적의 페달링 속도를 혹은 리듬을 유지시킬 수 있기 위한 것입니다.

자전거 선수들은 간격이 촘촘하게 배치된 기어가 많이 장착된 자전거를 타기 때문에, 에너지를 절약하고 최대한으로 끌어내면서 페달의 리듬을 적절하게 조절할 수 있습니다. 이런 종류의 세세한 사항들은 돈을 벌기 위한 시합에서 고속으로 장거리를 달려야 할 때, 마지막 100미터 스프린트에서 타이어의 넓이가 승리의 여부를 결정하는 200킬로미터 경주를 할 때 중요합니다. 그러나 그저 평범한 우리들에게는 그런 당황스러울 정도로 많은 기어는 정신을 산만하게 할 수 있습니다. 저는 저의 빈티지 자전거에 장착된 3단 허브 기어의 단순함을 좋아합니다. 하나의 시프터, 하나의 체인 링, 제한된 옵션. 예술가라면 누구나 인정하듯이, 제한된 환경 내에서 창의성이 진정으로 발휘되는 법입니다.

시간이 지나면서 대부분의 라이더들은 파레토Pareto의 원칙이 적용된다는 것, 그리고 전체 라이딩 중에서 80퍼센트 동안에, 사용 가능한 기어의 20퍼센트만을 사용한다는 것을 알게 됩니다. 그러니 오늘 자전거를 타게 되면, 당신이 실제로 몇 개의 기어를 사용하는지 확인하세요. 기어 전부를 사용하지 않을 수도 있고, 당신이 생각한 것만큼 많지 않을 수도 있습니다.

적을수록 더 많다

기어의 중요성을 의식하며 주행을 할 때, 우리는 자신만의 기어를 효과적으로 만들어 낼 수 있습니다. 현대의 연동 방식 기어 시스템 덕분에 너무 손쉽게 변속을 할 수 있어서 이제 사이클리스트들에게 변속이 거의 반사 동작처럼 되었습니다. 그러나 아주 미세한 경사에도 자동적으로 기어를 바꾸는 대신 다리에 약간 더 힘을 가하는 것만으로 충분합니다. 만약 그것으로 충분치 않을 때, 그때 바꾸면 됩니다. 마찬가지로 경사가 완만해지면 더 빨리 페달을 밟으면 됩니다. 그것이 즉각적으로, 자동적으로 기어를 바꾸는 것보다 종종 더 효과적이고 더 쉽습니다. 필요한 리듬을 다리가 버텨내면, 기어를 제대로 맞춘 겁니다. 몇 번 기어인지 그 숫자는 중요하지 않습니다. 도로, 다리, 심장, 폐에 온전히 집중하면, 그저 기어에만 의지할 때보다 더 부드럽게, 더 힘있게, 더 효과적으로 달릴 수 있습니다.

보통은 자신을 더 밀어붙이라고 끊임없이 권고를 받고 있으며, 더 열심히 하는 것이, 적어도 그렇게 보이는 것이 정말로 생산적인지의 여부를 떠나 그 자체로 미덕이라고 흔히 말합니다. 결과적으로 너무 높은 기어로 돌려야 한다는 부담에 시달리거나 너무 낮은 기어 때문에 미친 듯이 페달을 돌리는 자신을 발견하게 됩니다. 어느 쪽이건, 불필요하게 노력을 허비하고 역설적이게도 결국 느린 속도로 달리게 됩니다.

자전거는 인풋과 아웃풋 간의 관계에서 직접적이고도 우리가 충분히 인식할 수 있는 교훈을 줍니다. 과로를 하거나, 편안하게 순항할 때, 필요한 건 조금 더 노력을 기울이는 것뿐일 때, 기어를 바꿀 시간이 되었을 때를 알아차리도록 우리를 가르칩니다. 삶의 많은 것들과 마찬가지로, 무엇을 가졌느냐가 아니라 어떻게 사용해야 하느냐의 문제입니다.

사이클리스트는
승객이자 엔진

올림픽 사이클 선수인 존 하워드는 "자전거는 승객이 곧 엔진이 되는 특이한 운송 수단이다."라고 말했습니다. 그의 이 말은 스포츠에서 가장 유명한 문장 중 하나가 되었으며, 마음챙김 사이클리스트에게는 자전거라는 기계와의 관계에서 가장 핵심이 되었습니다.

사전적 정의를 이해하기 쉽게 다른 말로 풀이하자면, 승객은 누군가가 운전하거나 동력이 공급하는 수송 기관이나 차량에 타는 사람입니다. 이런 사전적 정의에 따르면, 사이클리스트로서 우리는 실제로 승객이 아니라고 주장할 수 있습니다. 자전거를 타면서 우리는 수동적이지 않고, 그렇게 될 수도 없기 때문입니다. 자전거가 우리를 가고 싶어 하는 장소로 데려가는 동안 우리가 그저 가만히 안장 위에 앉아 있을 수는 없는데, 자전거는 스스로 움직이거나 자신이 힘을 갖고 있기 못하기 때문입니다. 전기 자전거조차도 출발하거나 멈추려면 사람의 손이 필요합니다. 현실적으로 스스로를 승객이라고 부를 수 있는 유일한 시간은 내리막길을 갈 때뿐입니다. 그러나 그때조차도, 내리막길을 가는 동기를 부여하는 힘을 제공하는 것은 기계가 아니라 중력입니다.

이동하다

엄밀히 말하면, 자동차 운전대에 앉아 있을 때도 승객이 아닙니다. 물론 자동차 운전자와 사이클리스트 간의 결정적인 차이는, 운전자는 엔진이 만드는 힘을 제어하고 적용할 뿐이라는 점입니다. 반면, 사이클리스트로서 우리는 스스로 힘을 만들어야만 합니다. 엔진이 되어야 하는 겁니다.

'엔진'이라는 단어는, 엔지니어라는 또 다른 단어처럼 '재능' 혹은 '장치'를 의미하는 라틴어 '인제니움ingenium'에서 유래하여 중세 영어와 고대 프랑스를 거쳐 우리에게 왔습니다. 자전거 선수들이 여전히 이런 언어들의 의미를 미묘하게 연결하고 있습니다. 라이더의 세계에서, 선수들의 '재능'은 기술보다는 오히려 지구력, 힘, 인내와 관련이 있습니다. 이런 맥락에서, 선수들은 강한 라이더를 '큰 엔진'을 가진 사람으로 말하고 싶을 겁니다. 단체로 자전거를 탈 때 앞쪽에 앉아 후류後流에 있는 무리를 이끌 수 있는 사람을 '기관차'라고 부르는 것도 우연은 아닙니다.

독특한 관계

그런데 사이클리스트로서 우리는 정말 엔진일까요? 인체가 기술적으로 엔진이 될 자격이 있는 건, 인체가 에너지(음식물에 저장된 잠재적인 에너지)를, 움직이거나 무언가를 들어올리는 노동으로 바꾼다는 사실을 기반으로 할 때입니다. 그러나 우리가 섭취하는 칼로리의 최대 75퍼센트는 기본적인 대사 과정에 필요한데, 이것은 우리가 쉬고 있을 때에도 인체의 시스템을 계속 작동시키는 데 필수 불가결한 분량입니다. 그래서 음식 에너지를 운동 에너지, 즉 움직임의 에너지로 변환하는 데에 인간은 기계를 필요로 합니다. 이런 점에서 인류 역사의 전 기간 동안, 우리는 자전거보다 더 나은 것을 찾아내지 못했습니다.

프랑스 작가 폴 푸르넬은 그의 저서 《내 인생의 자전거》에서 이렇게 썼습니다.

"자전거는 그 위에 앉은 사람이 자신의 근육의 힘 만으로, 두 발로 걷는 사람보다 두 배 멀리, 두 배 빠르게 갈 수 있는 훌륭한 장치이다. 자전거 덕분에 더 빨리 가는 '사람'이 존재할 수 있게 되었다."

여기서, 우리와 자전거 사이의 차이가 불분명해집니다. 우리는 기본적인 힘을 제공하지만, 그 힘을 동작으로 바꾸는 것은 자전거입니다. 우리는 함께 상호 의존과 상호 이익을 기반으로 한 파트너십 안에서 단일하고 생체역학적인 독립체를 구성합니다. 사람의 힘이 없으면, 자전거는 그저 가만히 서 있는 물체에 불과합니다. 혹은 서 있지도 못하고 바닥에 쓰러집니다. 그리고 자전거가 없으면 우리의 움직임은 팔다리, 유전자, 신진대사가 부과하는 속도와 범위 내로 제한됩니다.

절반은 사람, 절반은 자전거

아일랜드 소설가인 플란 오브라이언은 이런 공생 관계를《제 3의 경찰》에서 논리적인 결론으로 가져갔습니다.

"바위투성이 정박지에서 철제 자전거를 타면서 자연생활 대부분의 시간을 보내는 사람들에게 그들의 개성과 자전거의 개성은 서로 섞이는데, 사람과 자전거 각각의 원자가 교환된 결과이다."

작가이자 사이클링 저널리스트인 윌리엄 포더링햄은, 에디 멕스의 일생에 관한 전기인《절반은 사람, 절반은 자전거》에서 똑같은 주제를 고수했습니다.

마음챙김 사이클리스트에게, 우리가 자전거와 맺는 독특하면서도 친밀한 관계는 의식적이고, 소중히 여겨야 할 것이며 더 키우고 싶은 것입니다. 푸르넬이 "당신이 자전거를 탈 때, 기계를 잊어버리는 것이 아니다. 그 반대로 기계와 연결되는 것이다."라고 표현했듯이 말입니다. 마음챙김으로 자전거를 타면, 연료없이 음식과 물만 갖고 도시와 전 세계로 여행할 수 있으며, 우리의 노동을 자유와 속도로 보상하는 이 단순한 계획에 감탄하게 됩니다. 그것은 시야를 넓히고, 대담해지고, 불가능한 일을 할 수 있게 합니다. 한 마디로, 우리를 초인간적으로 만듭니다.

마음챙김으로
준비하기

자전거 타기를 준비하는 건 그 자체가 명상입니다. 자전거용 신발과 장갑을 착용하고, 안경과 모자를 쓰고, 가방과 주머니에 물건을 챙겨 넣는 등 습관적으로 움직이게 되는데, 이러면서 우리는 민간인에서 사이클리스트로 무의식적으로 변합니다. 정신적 기어의 변환, 즉 어떤 에너지 상태에서 다른 에너지 상태로, 잠재성에서 운동으로의 변환이 일어나는 겁니다. 주문을 외운다고 해도 좋고, 필요한 것을 전부 챙기려고 머릿속 체크리스트로 간단히 예행연습을 한다 해도 좋은데, 효과는 같습니다. 이런 준비를 하는 데 걸리는 몇 분의 시간은, 외부 세계의 오염에서 자전거를 보호하며 주행에 맞추어 안전장치를 마련해 줍니다. 좀 더 실용적인 측면에서 보자면, 자전거를 문지르고, 흠집을 살피고, 비

틀린 것을 바로 잡고, 헐거워진 곳을 조이는 기회이며, 길을 떠나 500미터쯤 달리다 깜박하고 잊어버린 펌프, 핸드폰, 혹은 다른 중요한 물건을 가지러 다시 집으로 돌아가야 하는 헛수고를 막아 줍니다. 자전거를 확인하는 것도 이 명상에서 아주 중요한 부분입니다. 우리와 마찬가지로, 무생물에서 생체역학적 독립체의 절반으로 완전히 변하는 것이며, 우리와는 달리, 스스로 준비를 할 수가 없기 때문에, 우리가 타이어, 체인, 브레이크 다른 중요 시스템을 살펴보며 필요한 것을 제공해야 합니다. 실용적이고 안전에 관계된 사항 외에도 몇 가지 기본적인 것들을 점검하면 자전거와 사람이 물리적으로 정신적으로 연결되어, 자전거가 수동적이고 복종만 하는 기계에서 곧 진행될 계획에서 동등한 파트너로 격상됩니다.

긍정적인 경험에 마음을 열다

그렇다면 마음챙김으로 자전거를 탈 때 무엇을 가져가야 할까요? 제가 처음 사이클링을 시작했을 때, 말 그대로 아무것도 몰랐습니다. 그래서 처음 몇 년간은 펌프도 가지고 다니지 않았는데, 단 한번도 문제가 있었던 적은 없었습니다. 당신이 하고 싶은대로 하면 됩니다. 저는 곧 준비의 필요성에 눈을 뜨고 이전에 그렇게도 태평했던 것에 대한 죄책감으로, 땅에 착지한 747기를 다시 띄우기 위한 도구와 예비품을 충분히 가지고 다니면서 자전거를 과잉보호했습니다.

이제는 노련해져서 합리적인 균형을 이룬 것 같습니다. 자전거마다 적당한 펌프가 프레임에 장착되어 있고 타이어 레버, 접착 패치, 내부 튜브 예비분, 스패너, 다양한 크기의 육각 키가 시트 – 팩 안에 들어 있습니다. 날씨가 불안정한 경우, 주머니에 휴대가 가능한 조끼와 방수 재킷을 넣을 겁니다. 좀 오래 걸릴 것 같다 싶으면, 물병과 시리얼 바를 준비합니다. 2시간 미만의 라이딩을 계획할 때는 아무것도 가져가지 않습니다.

몇 가지 기본적인 걸 가져가는 건, 긍정적인 경험을 책임지며 마음을 여는 행위입니다. 이런 장비들을 어떻게 사용하는지를 모르더라도, 적절한 시점에 함께 길을 가려는 다른 라이더들을 통해 사용법을 익힐 기회를 얻을 수 있습니다. 수년 동안, 저는 펌프, 도구, 손과 팔꿈치에 바를 기름을 빌려 주고, 내부 튜브, 에너지 바, 시간을 기부하고 그 대가로 비슷한 혜택과 도움을 받았습니다. 우리 모두를 위해 다행히도, "남이 너에게 하기를 원하는

대로 다른 사람에게 하라."는 황금 법칙은 여전히 길 위에서도 존중받고 있습니다.

무엇이 꼭 필요한가?

무엇을 가져가고 무엇을 두고 갈지의 문제는 순전히 실용적인 부분과는 별개입니다. 즐거움을 위해 자전거를 타는 사람들 대부분은 그것이 주는 자유의 독특한 감각을 위해 그렇게 합니다. 그 감각은 모든 것을 포기하고 반드시 필요한 것만을 챙겨 세상으로 나아갈 때 더 커집니다. 불필요한 짐은 거추장스러우며, 기계에도 부담을 줍니다. 이미 과하게 짐을 실은 마음에 혼란만을 줄 뿐입니다. 그리고 무엇보다도, 여행 내내 사람과 자전거에 부담을 주고, 속도를 늦추고, 여행을 즐기는 걸 방해합니다.

시간이 지나고 주행 거리가 쌓일수록, '필요한' 것에 대한 생각이 바뀝니다. 초보자로서 제가 가지고 다녔던 것 중에 기억나는 한 가지는 공중전화를 걸 수 있는 동전 몇 개였습니다. 지금은 핸드폰을 가지고 다니지 않는 것이 어리석은 짓이라는 걸 알기 때문에 꼭 챙겨갑니다. 또한 기본적인 눈 보호 장치는 사치나 집착이 아니라는 걸 배웠습니다.

물건에서 벗어나기

역설적이게도, 관광을 하기 위해 자전거를 타는 사람들은 경제성과 사전 준비에서 뛰어난 모델이 됩니다. 앞뒤로 짐 바구니가 가득하지만, 꼭 필요한 것 외에는 1그램도 더 싣고 있지 않습니다. 장거리를 달리는 라이더가 칫솔 손잡이를 자르고, 포크나 숟가락 등의 날붙이류에 구멍을 내고, 몽당연필로 힘겹게 일기를 쓰는 등의 이야기는 무궁무진합니다.

의식적으로 물건을 버리는 행동은 요즘 사회에서는 마치 직관에 어긋나는 것처럼 여겨집니다. 우리는 모든 사태에 대비하지 않고 어디를 가거나 무언가를 하면, 자신이 취약한 상황에 놓이고, 옷을 반만 입은 것 같으며 무책임하다고 느낍니다. 그러나 그것에는 달콤한 해방감과 심지어 파괴감을 향유하게 하는 무언가가 있습니다. 마치 자유처럼, 예측 불가능성은 사이클링의 본질과 매력의 근본적인 부분입니다. 마음챙김이란 여전히 앱으로 만들어지지 못한 무언가가 있다는 걸 수용하는 것처럼, 합리적으로 준비하는 걸 의미합니다. 그래야 오래 탈 수 있습니다.

길을 잃으면

거의 20년 동안 저는 매일 제가 사는 지역의 도로에서 자전거를 탔기 때문에, 주변 지역을 잘 안다고 자신있게 말할 수 있습니다. 사실, 눈을 가린 채 집에서 반경 30마일 이내의 어느 곳으로 저를 데려간 후, 눈가리개를 풀어 주면 그곳이 어디인지와 어떻게 집으로 가는지를 즉시 말할 수 있습니다. 그 지역을 잘 알고 있는 덕분에 교통 체증이 가장 심한 도로, 까다로운 교차로와 횡단보도, 최악의 교통 소음 지역, 가장 위협적인 언덕을 피하는 데 도움이 됩니다. 길을 잘 안다는 건 즐겁고 편안한 마음을 갖도록 하기 때문에 적극적으로 추천하고 싶으며, 아무리 익숙한 길에서도 솔직히 저는 지루했던 적이 한번도 없습니다. 하지만 이런 길에서도 물론 집중력을 늦추지 말고 조심해야 합니다. 그러나 현 상태에 안주하고 친숙한 데서 오는 편안함에서 한 발만 떼면 미지의 것에 대한 두려움이 있습니다. 그래서 인생에 간단한 선물을 선사하고 싶으면 자전거를 어딘가 새로운 곳으로 끌고 가서 일부러 길을 잃어 보는 것입니다.

상대적인 용어

물론, 이 맥락에서 '길을 잃다'는 상대적인 용어입니다. 도로에서 자전거를 탈 때 정말로 길을 완전히 잃는 건 불가능합니다. 어느 방향으로건 몇 분만 가면, 올바른 길로 당신을 안내해 줄 이정표, 표지판, 친절한 현지인을 만나게 됩니다. 마음을 챙긴다는 건 단순히 알지 못하는 곳, 익숙치 않은 곳, 혹은 의도하지 않은 곳에 있다는 상황을 있는 그대로 받아들이는 것입니다. 그건 실패도, 어마어마한 음모도 아닙니다. 자전거를 타다 보면 생기는 단순한 오류, 순간의 부주의 또는 의도적으로 잘못 안내하는 표지판이 있을 뿐입니다. 마음챙김을 잘 실행하는 정원사라면 누구나 고개를 끄덕이는 것처럼, 잡초는 그저 잘못된 장소에 있는 꽃에 불과합니다. 그래서 길을 잃어버린 것 같거나 그렇다고 생각하는 사이클리스트는 사실 모험을 기꺼이 받아들이는 탐험가인 셈입니다. 탐험가는 본질적으로, 길을 잃겠다는 계획적인 의도를 가지고 출발하는 사람들입니다. 스스로 직접, 정말 여기가 어딘지를 관찰하고 배우겠다는 의지를 가진 사람들입니다. 만약 당신이 지도에서 한 발짝도 벗어나려 하지 않는다면, 그저 다른 사람들을 따라가는 것일 뿐, 진정한 발견은 아닙니다. 미지의 장소에 대한 매력은 인간의 가장 오래되고 강력한 본능이지만, 위성 내비게이션과 휴대용 GPS로 우리는 그 본능의 상당 부분을 잃고 둔감해졌습니다. 자전거를 타면서 길을 잘못 들어서는 건, 그렇게 위험하지도 않은 모험이며, 방랑객이었던 먼 조상에게 경의를 표하는 기회이며, 새로운 장소에 도착했을 때 이미 그곳에 있었던 것처럼 느끼게 하는 기술에 대한 작은 반란입니다.

로드 무비의 파트너

길을 잃으면 자전거에 대한 인식과 애정이 깊어집니다. 자전거가 우리에게 해결 방법을 알려주지는 않았습니다. 우리가 스스로 해결했습니다. 더 중요한 점은 그것이 우리가 벗어날 수 있는 유일한 길이라는 것입니다. 우리가 어떤 것으로 만들어졌는지를 정확히 알 수 있는 우리만의 로드 무비에서, 우리는 주인공이, 그리고 파트너가 되어야 합니다.

일단 우리 자신이 해방되면, 단순한 안도감 이상의 것이 거기 있습니다. 길가에서 펑크 난 바퀴를 수리했을 때와 똑같이 만족감을 느끼고, 자신감과 존중감이 그때처럼 높아집니다. 이런 기분은 우리가 가진 것에만 의존했지만 문제를 해결하는 데 부족한 걸 발견하지 못했을 때 느낄 수 있습니다. 누구라도 힘든 상황에 처할 수 있습니다. 우리가 어떻게 대응하고 문제를 해결하는지에 따라 성장하기도 하고 그렇지 못하기도 합니다. 방향을 물어보는 것 외에 다른 대안이 없는 경우라면, 겸손함을 연습해보는 좋은 기회가 될 수 있습니다.

뜻밖의 기쁨을 즐기는 것

우리 자신을 얽매고 있는 것을 풀어 주는 과정은, 마음챙김으로 시작한다면, 새로운 발견과 뜻밖의 기쁨을 우리에게 선사합니다. 잘못해서 길을 놓치면, 익숙한 장소에서도 지금까지 몰랐던 교차로 등을 알게 하고, 미래에 기쁜 마음으로 기꺼이 일부러 가게 될 새로운 길을 발견하게 되는 기회가 됩니다. 도로가 반대 방향에서 볼 때는 완전히 다르게 느껴질 수 있기 때문에, 길을 잃었을 때 시간과 모든 리스크를 최소화하기 위해 단순히 가던 길을 유턴해서 되돌아가는 그런 방법으로도 새로운 것이 우리 앞에 펼쳐집니다. 원래 계획했었던 장소가 아닌 현재의 장소를 확인하면서, 공백을 채우고 점들을 이으면서 머릿속의 지도를 다시 그리게 됩니다. 우리의 물리적 경계를 확장하는 건, 비록 자신도 모르는 사이에 그렇게 되었다 하더라도 우리의 내면세계를 확장하는 결과를 가져옵니다.

우리가 어디에 있는지와 하루의 모든 순간에 무엇을 하는지를 일일이 확인하는 것을 강요받는 시대에, 방향을 잃고 단절되는 건 생각보다 썩 괜찮으며 중요하기도 합니다. 당신이 정확히 어디에 있는지를 알지 못하면 당연히 다른 누구도 알 수가 없습니다. 어떤 사람에게 이것은 걱정거리가 되겠지요. 그러나 마음챙김으로 상황을 주시하면, 진정으로 해방되었다고 느낄 겁니다. 때로는 길을 잃는 것이 자기 자신을 다시 찾을 수 있는 유일한 길이기도 합니다.

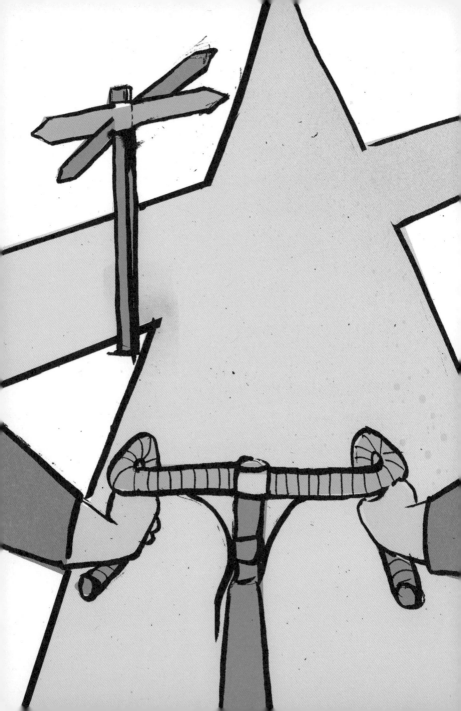

장비 없이
자전거 타기

사물을 측정하는 건 인간이 가진 심오한 본능입니다. 그것이 거리 또는 기간이건, 몸무게건 재산이건, 높이 혹은 행복, 재능 혹은 시간이건 관계없이, 우리는 주변의 모든 것을 기록하고, 비교하고 분석하지 않을 수 없습니다. 이런 통계의 회오리에서 어떤 것은 사소하고, 어떤 것은 변형되었을 테지만 세계의 모습과 그 세계 안에서의 우리의 위치에 대한 이해를, 문자적으로 은유적으로 짜 맞추고 있습니다.

수치로 파악하려는 이런 충동은 유아기에 시작되어 살아가는 내내 지속됩니다. 다른 아이들과 마찬가지로, 저도 자동차들이 한때 장착하고 다녔던 간단한 기계식 주행 기록계를 자전거에 달았습니다. 바큇살 하나에 부착된 금속 핀이 톱니를 지날 때마다 매번 탁하고 튕기면서, 내부의 번호가 매겨진 회전자의 수를 올립니다. 이 기록계는 정상적으로 작동할 때도 정확하지 않았습니다. 어느 날인가 모든 바큇살이 톱니에 부딪칠 정도로 브라켓이 휘어서, 다음 거리에 있는 친구 집까지 37마일의 거리를 아주 시끄럽고 우스꽝스런 상태로 달려야 했습니다.

20년 후, 저와 제 친구는 각각의 라이딩 이동 거리, 총 누적 거리, 현재 속도, 평균 속도, 최대 속도, 카덴스, 경과 시간을 계산해 주는 무선 LCD 바이크 컴퓨터를 장착하고 있습니다. 게다가 센서를 가슴에 달면 이 센서가 손목에 찬 두툼한 시계로 데이터를 전송하는 심장-박동 모니터도 사용하기 시작했습니다. 우리가 도로 교차로에 멈출 때마다, 온갖 다양한 장치들이 대기 모드로 전환되며 삐하는 전자음과 째깍거리는 소리들이 요란하게 울렸습니다. 그로부터 10년이 지나자 이번에는 사운드트랙을 제공하는 GPS 장치, 스마트폰, 헤드캠 그리고 역률계가 등장했습니다.

신기록을 쫓아서

이 모든 테크놀로지는 그것 자체로는 나쁜 게 아닙니다. 행사를 준비하고 있다면 진행 상황을 추적하는 것은 합리적이며, 경기

중이라면 반드시 필요합니다. 신중하게 사용하면, 이런 장치들은 우리가 원하는 만큼 상세하게 정보를 주면서 우리를 기쁘게 합니다. 수백만 명의 사람들이 자신들의 실적을 추적하고, 전 세계의 다른 통계와 비교하기 위해 GPS 연결 앱을 사용하기로 결정했다는 건 그 자체 만으로도 화젯거리가 됩니다.

그러나 조심하지 않으면, 이런 기기들과 끝도 없이 밀려드는 데이터 홍수에 집착하게 됩니다. 스크린을 들여다보고 있으면 주변 광경, 본능, 자신에 주의를 덜 기울이며 소홀하게 됩니다. 느낌이 아니라 사실에 의존하는 것이며, 말 그대로 수치로만 자전거를 타게 됩니다. 최악의 경우, 사이클링이, 끝도 없이 신기록을 추구하는 캐릭터만이 존재하는 현실의 비디오 게임으로 전락할 수도 있습니다.

우리들 중 많은 사람들이 컴퓨터, 스마트폰, 그리고 다른 기술을 사용하면서 알게 된 것처럼, 누가 누구를 책임져야 하는지의 경계가 모호해질 수 있습니다. 시간이 흐르면서, 제 자전거 컴퓨터는 수동적인 녹화기에서 저에게 벌을 주고 감시하는 작업반장으로 변했습니다. 페이스가 풀렸는지, 케이던스가 느려졌는지, 주행 거리가 일일 목표에 미치지 못하는지를 한눈에 알아볼 수 있습니다. 심박수 모니터도 엄격하고 인정사정없는 감독관이 되어서, 저도 모르게 엄격한 기준의 수준으로 심박수를 유지하는 데 모든 관심과 노력을 기울이게 됩니다. 그 모니터는 거짓말을 하지 않고, 저에겐 숨을 곳이 없습니다. 형편없는 수치로 저는 제 자신을 실망시켰을 뿐 아니라, 그 기기들도 실망시켰습니다. GPS와 역률계가 일반화되기 전에 제가 깨닫게 되어 얼마나 다행인지 모르겠습니다. 어쨌든 경제적으로 GPS와 역률계를 감당할 수 없었던 건 아니었기에, 출시되자마자 샀을지도 모릅니다.

오직 당신과 자전거로만

요즘에는 자전거를 탈 때, 저는 시계도 안 차고 갑니다. 그러나 수년 동안 지속되어 온 세심하게 계산하는 습관은 그 흔적을 남겼습니다. 라이딩을 끝내고 집에 돌아오면, 제 사이클링 친구는 얼마나 멀리 다녀왔다고 생각하는지 물어봅니다. 컴퓨터에 의지하지 않으면, 1/4마일 이내의 거리밖에는 알 수 없다는 건 오랜 농담이 되었습니다. 만약 한번 시도해 본다면 추측을 해 보겠지만, 분명히 틀릴 겁니다. 이건 마음챙김으로 접근하면서 감지할 수 있게 된 산물로 저에게는 엄청난 발전인 셈이지요. 왜냐하면,

거리에 대해서는 확신이 들지 않고 혼란스럽지만, 어디로 갔었는지, 무엇을 보았는지, 자전거가 어떻게 작동했는지, 라이딩 내내 전반적으로 어떻게 느낄 수 있었는지를 정확하게 기억할 수 있기 때문입니다. 언제 거뜬히 해낼 수 있었는지, 언제 몇 마일이라도 더 갈 수 있을 여분의 힘이 남아 있는지를 알 수 있지만, 이건 하드웨어가 수치로 측정한 것이 아니라, 제 다리, 심장 그리고 머리가 말해 준 것입니다.

기기들은 우리의 사이클링 생활에서 유용하고 타당한 위치를 차지하며 인간의 깊은 욕구를 충족시켜 줍니다. 오늘, 컴퓨터는 집에 두고 GPS도 없이 라이딩을 해 보세요. 스트라바Strava(선수가 선수를 위해 만든 앱으로 운동을 통해 수많은 달리기 선수와 자전거 선수들이 연결된다)에 쌓인 포인트 따위는 잊어버리세요. 당신과 자전거만으로 라이딩을 완성시켜 보세요. 라이딩에 대해 더 많이 알아차리고, 느끼고 기억하는지, 혹은 덜 즐기게 되는지 확인하는 기회가 될 것입니다.

충분히 가볍게,
충분히 빠르게

20년이 넘게 자전거를 타면서 저는 수많은 자전거를 소유했습니다. 오래된 구형 중고 10단 자전거로 시작해서, 보기 흉한 강철 하이브리드와 알루미늄 자전거를 거쳐, 내 자동차보다 더 비싼 탄소 섬유와 티타늄으로 된 진기한 자전거까지 두루 섭렵했습니다.

더 긴 거리를 더 빠르게 가고 싶은 욕심에서 그 자전거들 자체는 나쁘지 않았습니다. 완벽한 기계를 찾는 데 집착하였고, 자전거 산업은 저의 욕심을 만족시키는 수준을 넘어서 발전했습니다. 자전거 산업의 발전에 걸맞게, 제가 구입했던 자전거들은 이전 모델보다 속도를 높이는 데 있어 더 단호했고, 기술적으로 앞서 갔으며, 더 가볍고, 터무니없이 비쌌습니다. 수많은 자전거를 사들이고, 필요 이상의 지출을 하며 10년을 보낸 후에야, 제가 은밀하게 퍼져 있는 자전거 장비 경쟁에 휩싸여 있다는 것과, 1980년대 컬트 영화 〈워 게임즈〉를 인용하자면 '경기를 하지 않는 것이 유일한 승리의 조처이다'를 깨닫게 되었습니다.

지금 함께하는 자전거를 사랑하자

프랑스 작가인 폴 푸르넬은 이런 말을 했습니다. "멋진 자전거를 소유하려는 욕망은 누구나 갖고 있다. 어떤 사람들은 욕망을 키우고, 어떤 사람들은 억제하려 하지만, 그 욕망은 항상 거기에 있다."고. 마음챙김은 이런 자연스럽고, 순진무구하며, 전적으로 건전한 욕망이 전복될 위험에 처할 때 그것을 깨닫는 것입니다. 그런 경우에, 자전거는 더 이상 수단이 아니라 그 자체로 목적이 되고, 사이클링은 단순한 즐거움의 상당 부분을 급속히 잃어버립니다.

저는 마음챙김이란, 모든 불완전함을 수용하며, 물론, 잠재적으로 위험하거나 현재 신체적으로 불편하게 하지 않는 한에서 현재의 자전거를 타는 걸 의미한다는 걸 정말이지 어렵게 배웠습니다. 하룻밤 사이에 랜턴 루즈(직역하면 '붉은 등불', 투르 드 프랑스와 같은 자전거 경주에서 마지막 경쟁자)에서 마이요 죤느(직역하면 '노란색 저지', 투르 드 프랑스에서 구간 종합 선두 및 종합 우승자에게 수여되는 옷)로 변신시켜 줄, 우리 머릿속에 있는 마법적인 완벽한 자전거를 포기하는 것이 마음챙김입니다.

어쨌건, 우리 자신이 엔진이기 때문에, 더 빠른 속도를 위해 자기 뜻대로 해 보는 건 궁극적으로는 불행한 결론으로 끝나기 십상입니다. 기계가 아무리 정교해도, 조만간 우리는 항상 우리 스스로의 물리적 한계에 부딪힐 것이기 때문입니다. 서류상으로 당신은 세계에서 가장 좋은 자전거를 가질 수 있지만, 그러나 중요한 곳에서는 정확히 당신만큼만 좋을 수밖에 없습니다. 더 빨리 달리거나, 더 손쉽게 자전거를 타기 위한 가장 확실한 방법은 시간, 동기 부여와 유전학이 허락하는 만큼 탄탄하고 강하게 되는 것뿐입니다. 역대 최고의 레이서인 에디 멕스는 업그레이드된 자전거를 사지 말고, 본인의 라이딩을 업그레이드 시키라고 간결하게 조언을 했습니다.

좋은 자전거란

요즘, 저는 1930년대 디자인을 기반으로 한 빈티지 자전거와 서

스펜션도 없고 10기어뿐인 산악자전거를 탑니다. 무겁고, 구식이며, 탄소 섬유 한 가락 없는 자전거들입니다. 기술, 성능, '진지함'에서 이 자전거들은 다른 시대에 속합니다.

그러나 제가 보기에 그 각각이 나름대로 좋은 자전거가 되기 위한 필수적인 기준을 충족하고 있습니다. 정확히 제가 원하는 만큼 달리며, 그 자전거들을 바라보면 저는 행복해집니다. 미세한 소음이나 작은 흠집은 결점이나 상처가 아니라 전투에서 얻은 영예이고 때로는 가슴 아프게 전투를 상기시켜 줍니다. 작가의 손가락에 묻은 잉크 얼룩, 낡은 학교 책상에 새겨진 이름 같은 것입니다. 저는 제 자전거에 대해 너무나 잘 알고 있어서, 변속기에서 낯선 소리가 들리거나, 안장이 1인치만 틀어져도, 브레이크가 정확한 지점에서 걸리지 않거나, 타이어 압력이 10 p.s.i.(타이어 등의 압력을 나타낼 때 쓰는 단위) 낮아져도 즉시 알아챕니다.

그러니 오늘이라도 당신의 자전거를 새로운 시각으로 살펴보세요. 그저 정적인 물체가 아니라 살아 있는 존재, 경험과 기억의 저장고, 당신 자신이 확장된 것으로 바라보세요. 이런 자전거는 돈으로 살 수가 없습니다. 마룻바닥 장식품에서, 도로, 필요성, 교감, 시간에 의해 현재의 상태로 만들어지고 탈바꿈하였습니다.

그것은 너무나도 유일하고, 너무나 완벽하게 당신에게 속하며, 백 걸음만 가 보면 금방 알 수 있습니다. 누군가가 가장 작은 볼트까지 똑같은 부품을 사용하여 또 하나의 똑같은 자전거를 만들 수는 있겠지만, 그것은 이미 당신 자전거와는 다른 자전거입니다.

우리는 모두, 무엇이 좋은 자전거를 만드는지에 대해 자신만의 생각을 갖고 있습니다. 어쩌면 당신은 달의 먼지, 거미가 자아낸 실, 달빛으로 만든 가장 최신의, 가장 가볍고 가장 빠른 자전거라고 주장할지도 모릅니다. 혹은 보기 흉한 나무들에 부딪치고, 바닥에 있는 가지들을 쓸고 지나가도 절대로 당신을 떨어트리지는 않는 그런 고물 자전거일 수도 있습니다. 결국, 좋은 자전거란 오늘 라이딩을 해서 즐거웠고, 내일도 또 타고 싶은 자전거입니다. 마케팅 담당자가 추천하려고 애쓰는 자전거가 무엇이건 당신은 이미 그런 자전거를 갖고 있을 가능성이 높습니다.

더위와 추위를 이기는
자전거 타기

비와 마찬가지로, 추위도 종종 장애물처럼, 두려워하고 정복해야 할 악의적인 힘으로 생각됩니다. 그래서 그것에 저항하여 온몸을 감싸고, 어떻게든 차단하고 가능한 한 저지하려고 애씁니다. 일상적인 표현에서 형용사로서 '쌀쌀하다', '춥다'가 어떻게 사용되는가를 생각해 보세요. 언제나 부정적으로 비난 투로 쓰입니다. 좋아하지 않는 사람을 쌀쌀맞게 대하고 따돌립니다. 기껏해야 싸늘한 인사를 하며, 최악의 경우, 냉혹하게 살해합니다. 아이디어에 찬물을 붓거나, 냉랭하기 그지없는 위로를 형식적으로 건네거나, 다른 사람들의 냉담함을 한탄합니다. 그러니 '추운' 날씨에 자전거 타는 걸 망설이는 것도 무리는 아닙니다.

그러나, 빗속으로 모험을 떠나는 것처럼, 다른 사람들이 피하거나, 자신들이 인내할 수 없다고 생각하는 것을 용감하게 감당할 때 느껴지는 강철처럼 서늘하고 빛나는 기쁨이 있습니다. 용감한 사람 중에서도 대담무쌍하기로 유명한 숀 켈리는 이렇게 말했습니다.

"부엌의 창문으로 내다보아서는 얼마나 추운지 말할 수 없다. 옷을 입고, 밖으로 나가 운동을 하고 돌아왔을 때, 그때에야 비로소 얼마나 추운지 알게 된다."

생각하는 것보다 힘든

켈리처럼 단호하고도 확고한 용기를 보여줄 수 없더라도, 적절한 준비와 태도만 있다면, 추위 속에서 라이딩하는 것은 활력이 될 수 있습니다. 입을 수 있는 가장 따뜻한 옷을 입고 싶은 유혹을 뿌리치기 힘들지만, 집 주변에 서 있거나 추위 속에서 걷거나, 추위에 자전거를 타는 것의 차이에 대해 꼭 알아야 합니다. 따뜻하다고 느끼며 출발하면, 10분 후면 땀을 흠뻑 흘리게 될 겁니다. 옷을 약간 얇게 입었다는 느낌으로 출발하면, 곧 자전거가 당신 몸을 따뜻하게 데워줄 겁니다.

몸에서 가장 심하게 추위를 느끼는 곳은 팔다리이기 때문에,

자연스럽게 그곳에 신경을 쓰게 됩니다. 그러나 아무리 두껍고 따뜻한 장갑과 양말이라도 제한적인 도움밖에는 되지 않기 때문에, 의식적으로 관심을 다른 곳으로 돌려야 합니다. 목부터 허리까지 몸의 중심 부분이 어떻게 작동하는지를 생각해 보세요. 그곳에 모든 중요한 장기가 있으므로, 냉기와 찬바람에 정말 주의해야만 합니다. 근육이 움직이면 팔과 다리에는 열이 생겨서 스스로 알아서 보호를 하게 되어 있습니다. 몸의 중심 부분만 따뜻하고 적당히 편안하면, 아무 문제가 생기지 않습니다. 이제 손에 대해 생각해 보세요. 브레이크를 안전하게 작동할 수 없을 정도로 차갑고 뻣뻣하지 않도록만 해 준다면 걱정할 필요가 없습니다.

진정한 사이클리스트라는 표시

추위는 조상들이 알았던 세상과 우리를 다시 연결하고, 따뜻한 집, 난방이 잘 된 자동차, 절연처리된 옷이 우리에게 빼앗았던 회복력과 자립심을 되찾게 합니다.

추위가 우리를 단단하게 만드는 것처럼, 열은 우리를 부드럽게 완화시켜 줍니다.

더운 날씨에, 우리는 본능적으로 그늘을 찾고, 시원한 곳에 머물려고 합니다. 그런데 자전거 안장 위에는 숨을 곳이 없습니다. 더운 날 자전거를 타는 건 땅에 발을 붙이고 다시 연결되는 또 다른 경험입니다. 이번에는, 곡식을 익게 하는 태양을 갈망하고, 태양의 열기를 수확까지 가져가느라 애쓰며 노동을 했던 조상들과 함께입니다. 녹을 듯이 뜨거운 아스팔트 길에서 몇 시간 동안 자전거를 탄다는 건 그야말로 고된 노동입니다. 그런 날에 긴 내리막길을 간다거나, 갑작스럽게 나무들이 만들어 주는 어두운 그늘을 만나면 맑고 시원한 물속으로 뛰어드는 것처럼 상쾌합니다. 그런 기회가 주는 사치를 누리며 온몸으로 느껴 보세요. 그저 의자에 가만히 앉아 있거나, 실내에만 머무르기를 고집하는 사람들은 알 수 없는 축복입니다.

피부 위에서 열기를 느껴 보세요. 손목이 어떻게 빛나는지, 태양이 당신의 팔뚝과 무릎에 얼마나 집중하고 있는지 확인하세요. 그리고 집에 돌아와 소매를 걷어 올리고, 다른 사람들은 여름 내내 피하려고 애쓰는 햇볕에 그을린 황갈색 피부를 보며 자부심을 느낄 겁니다. 햇빛에 그을린 부분과 햇빛을 보지 못한 부분을 보여주는 경계선은 당신이 진정한 사이클리스트라는 지울 수 없는 표시이자, 우리가 절대 벗을 수 없는 유니폼입니다.

우린 이제 어른입니다

어릴 때부터 우리는 '몸을 따뜻하게 감싸라', '햇볕을 피하라'라는 말을 들었습니다. 고의적으로 두 가지를 지키지 않는 건 내면의 부모에게 이제 우리는 성인이며 스스로 선택할 수 있다는 것을 알릴 수 있는 좋은 방법입니다. 그리고 현대 생활이 최소한의 불편함마저도 없애느라 애쓸 때, 우리가 신체적으로 얼마나 회복력이 빠른지를 상기시켜 줍니다. 저는 겨울에 영하 8도의 추위에, 여름에는 37도의 더위에 자전거를 탔고, 그 추위와 더위를 무사히 견뎌 냈습니다. 자전거를 탈 때 정말로 중요한 것은 날씨가 아니라 그 사람의 기질입니다. 추위와 더위를 인정하고, 존중하고 수용하지만, 두려워하지는 않아야 합니다. 추위도 더위도 일시적일 뿐입니다. 오늘 여기 있지만, 내일 사라집니다. 여름에 당신은 추웠던 날씨를 잊게 되고, 겨울이 오면 날씨가 다시 따뜻해질 수는 있는 것인지 궁금해집니다. 모두 지나갑니다. 그리고 당신은 둘 다 겪을 수 있습니다.

자전거 타듯이
쉽게?

우리 모두는 같은 방법으로 사이클링 생활을 시작합니다. 기적과 함께 시작합니다. 비록 기억을 하지는 못하더라도, 우리 모두 보조바퀴를 떼고, 뒤에서 안장을 잡아 주던 손이 몰래 안장을 놓고, 갑자기 기분이 좋아지며 자유를 느꼈던 순간을 기억하고 있습니다. 넘어지고 좌절하고 지루해하고 울화를 터트리던 것이 먼지 속에 남아 있고, 결코 그런 식으로 행동해서는 안된다고 우리한테 말해 주는 내면의 목소리는 퉁명스럽게 언제나 침묵을 지킵니다.

우리들 중 많은 사람들에게 자전거 타기를 배우는 건 인생에서 맛볼 첫 번째 위대한 승리 중 하나이며, 일반적으로, 한번 익힌 기술을 평생 결코 잊지 않는 몇 안 되는 것 중 하나입니다.

기본 기술만 익히면, 모든 것이 가능합니다. 평지를 달릴 수도, 언덕과 산을 오를 수도, 눈으로 훑는 것 같고 머리카락이 바람에 이리저리 흩날리는 속도로 하강할 수도 있습니다. 가게에 잠깐 들를 수도, 전 세계를 돌아다닐 수도 있을 뿐 아니라, 시합을 위해, 출퇴근을 위해, 머리를 식히기 위해, 회사 주변을 동료들과 함께 혹은 혼자서 자전거를 탈 수도 있습니다. 그리고 자전거를 타는 내내, 대화를 나누고, 노래하고, 경치를 바라보고, 명상하고, 음악을 작곡하고, 시를 쓰고, 먹고, 마시고, 골치 아픈 문제에 대한 해결책을 발견하고, 사람들을 만나며 세계와 하나가 될 수 있습니다. 자전거가 지난 200년 동안 가장 위대한 발명품이라고 칭송받는 것은 당연합니다.

평범한, 일상의 기적

그러나 우리는 어떤 특별한 기술을 익혔는지, 혹은 다른 단순한 행위와 비슷하게 '자전거 타기'를 얼마나 무심코 하고 있는지 곰곰이 생각하기 위해 달리는 걸 멈추지는 않습니다. 자전거 타는 걸 배우려고 애쓰는 아이를 보거나 한번도 자전거를 타 본 적이 없는 사람에게 (혹은 자신에게) 설명하려고 하기 전까지는 그렇습니다. 우리는 이미 전부 겪었습니다. 뒤뚱거리며 불안정하게 출발하고, 앞바퀴가 갑자기 경로를 이탈하거나 엉뚱하게 방향을 틀고, 어떻게 피할 수도 없이 넘어지고 아파서 울고…….

자신에게 한번 물어 보세요. 자전거를 타다 가장 최근에 넘어졌던 게 언제였을까? 아마 거의 없었을 겁니다. 20년이 넘는 동안, 저는 단 두 번 넘어졌는데, 그것도 블랙 아이스 때문이었습니다. 40세가 되어, 무릎에 관절염이 생겼다는 걸 알고 나서, 저는 어린 시절 이후 처음으로 자전거를 타는 것의 신체적 행위에 대해 곰곰이 생각하게 되었습니다. 페달링의 메커니즘에 대해 알아야만 했습니다. 페달을 한 번 밟을 때마다 무릎, 엉덩이, 발목이 이루는 각도, 페달 위의 발의 정확한 위치, 넓적다리 앞부분의 근육과 무릎 윗부분의 힘줄 간의 적대적인 상호작용. 이 반복적이고, 단순해 보이지만 매우 복잡한 행동에 집중하다 보면, 어느 사이엔가 명상의 한 유형처럼 되고, 저는 어느덧 마음챙김 사이클리스트가 되는 길에 들어서고 있었습니다.

인생은 직선이 아니다

우리 모두는 자전거를 타는 것에는 균형이 핵심이라는 걸 알고 있습니다. 그러나 완벽하게 가만히 앉아 있거나, 페달을 밟을 때 양쪽 다리에 정확히 같은 정도로 힘을 주는 것은 불가능하기 때문에, 우리가 안장 위로 올라가는 순간부터 자전거에 균형은 깨집니다.

게다가 바람의 영향도 고려해야 하고, 도로 표면은 고르지 못하고, 바퀴가 틀어지기도 합니다. 다음번에 마른 길에서 물이 고인 웅덩이를 발견하면, 그 웅덩이를 지난 다음, 가능한 한 가장 직선으로 가 봅니다. 그리고 뒤를 돌아 바퀴 흔적을 보면, 바퀴 자국이 하나가 아니라, 한 가닥의 가는 밧줄처럼 꼬인 두 개의 바퀴 자국을 보게 될 겁니다.

우리 인생에서처럼, 자전거에서도, 부드럽고 중단이 없는 궤도를 유지할 수 있다는 생각은 환상에 불과합니다. 서로 얽힌 바퀴 자국은, 우리가 전력투구하며 쏟아붓는 노력을 보상하고 우리를 행동하도록 만들며, 우리가 앞으로 나아가며 길을 엮어낼 때, 지속적으로 미세하게 조정한 가시적인 증거입니다.

자전거를 타는 건 인생이 직선이 아니라는 걸 상기시켜 줍니다. 원래 의도했던 목적지에 도달하더라도, 우리는 지그재그로 나아가고 미세하게 경로를 수정해 가며 나아갑니다.

길 위에서도 마음챙김을

속도도 또한 중요합니다. 너무 천천히 달리면, 우리가 통제할 수 있는 범위를 벗어난 힘과 싸우기 때문에, 앞쪽보다는 측면으로 가면서 일정하지 않게 달리게 됩니다. 너무 빨리 달리면, 오류를 허용하게 될 가능성이 높아집니다. 코너를 지나며 속도를 유지하기 위해 우리는 힘들긴 하지만 자전거를 기울일 수 있습니다. 그러나 질량 중심을 벗어나 각도가 조금만 틀어진 채 달리면 회복할 수가 없습니다. 아주 적은 양의 디젤이 바닥에 유출되기만 해도, 바퀴에 대한 통제력이 비참하게 제로로 떨어지기에 충분하므로, 땅과의 접착 정도에 대해 정말로 주의해야 합니다.

우리는 눈앞에 놓인 길에 집중하라는 권고를 끊임없이 받습니다. 마음챙김으로 자전거를 탄다는 건, 지금 바퀴 아래 무엇이 있는지를 확인하고, 수용하고 이해하는 것입니다. 그것은 또한 우리가 어렸을 때 알고 믿었던 마법을 되찾는 것입니다. 정신없고, 이성적인 우리의 생활에서 얼마나 많은 것이 우리에게 그와 같은 기적을 약속할 수 있을까요?

너무 짧은
라이딩은 없다

제 딸이 바이올린을 연주하기 때문에 우리의 생활에서 콘서트는 정기적이고 모두가 좋아하는 행사입니다. 하지만, 콘서트 때마다, 저는 자녀들의 공연 전부를 디지털 카메라, 테블릿 PC, 휴대폰을 통해 관람하는 부모들이 너무 많다는 것에 대해 항상 놀랍니다. 그들이 연주를 정말로 듣고 즐길 수 있는 건지 의심이 갑니다. 실제로 '그 자리, 그 현재에' 있긴 한 걸까요? 이렇게 모든 걸 촬영하려는 건 특별한 순간을 포착하고, 무언가 더 강한 것, 그러니까 행사가 '실제로' 있었다는 걸 어떻게 해서든 다른 사람들에게 보여주고 공유하기 위한 무언가가 필요하다는, 단순하고도 고개가 끄덕여지는 욕망에서 비롯된 것일까요? '찍지 않으면 아무 일도 없었던 것이 돼'라는 인터넷 유행어에 속은 걸까요? 기록하고 모든 걸 공유하려는 필요성은 우리 삶 구석구석에 배어 있습니다. 마치 순간 그 자체로는 충분치 않은 것 같습니다. 이건 당연히 마음챙김과는 정반대의 것입니다. 끔찍할 정도의 멀티태스킹은 또 다른 증상입니다. 주어진 순간에 오직 한 가지 일만 하는 것도 충분치 않은 시대가 되어 버렸습니다. 그래서 생산품의 종류는 증가하지 않는데, 브랜드가 많아지고 있습니다. 무언가를 단순히 구매하는 것에 만족하지 않습니다. 완전하게 느끼기 위해, 어떤 이야기, 경험, 라이프스타일까지 구매할 필요가 생겨나게 되었습니다.

그냥 자전거 위에 앉은 사람

사이클링에서는 이런 부족함에 대한 갈망이 수일간에 걸친 자선 행사가 지나치게 많아지고, 스포츠 인기가 높아지면서 스포츠를 즐기는 인구도 많아져서 아마추어, 단체 시작, 보통 30 - 100마일 이상의 거리를 가는 원데이 행사가 급증하는 현상으로 나타났습니다. 이 모든 것의 조상은 에타프 뒤 투르Étape du Tour(투르 드 프랑스에서 한 구간을 말함)인데 1993년 처음 개최되어, 매년 7월이 되면 15,000명의 마조키스트들이 알프스나 피레네를 통과하

144

는 투르 드 프랑스의 산악 구간과 힘겹게 씨름하는 걸 목격하게 됩니다. 이런 경기나 행사는 매우 인기가 높은데, 이런 행사를 통해서 자전거 타기가 정체성 뿐 아니라 훌륭한 타당성을 주는 경험으로 바뀌기 때문입니다. 당신이 월요일에 출근했을 때 동료가 주말 잘 보냈냐고 물어 오면, 당신은 걸린 시간, 평균 속도, 오르막길의 험악한 각도 등 세세한 증거를 대면서 설명합니다. 그러면 그냥 '자전거 타러 나갔었어'라고 말하는 것보다 훨씬 근사하게 보입니다. 왜냐하면 현재 통용되는 세계관에서는 그런 단순한 사실만 얘기해서는 그 배경이나 상황이 충분히 전달되지 않기 때문입니다.

이처럼 사람을 괴롭히는 불만과 불안감은 사이클링의 장비 경쟁을 부추기고 있습니다. 기업들은 현재 우리가 갖고 있는 자전거의 프레임, 바퀴, 기어, 반바지, 신발, 혹은 그 무엇이건 충분히 밝지 않고, 이국적이지도, 빛나지도 않는다고 우리를 설득하려고 합니다. 현재의 것들이 우리가 라이딩을 하는 데 방해가 된다고 확신하게 만듭니다. 가능한 한 빨리, 그리고 멀리 갈 수 없을 거라고 생각하게 됩니다. 마케팅의 내러티브는, 우리가 '제대로 된' 자전거를 타지 않거나, '적절한' 옷을 입지 않거나, '제대로' 활동하지 않으면, '진지한' 스포츠맨으로 보여지지 않을 거라고 은밀하게 암시합니다. 말하자면, 그냥 자전거 안장 위에 올라앉은 사람일 뿐, 진정한 스포츠맨일 수 없다고 하는 것입니다.

모든 것이 충분하다

하지만 우리는 왜 이런 방식으로 우리 자신과 라이딩을 정당화할 필요를 느끼는 걸까요? 자전거 타기처럼 단순하고 거리낌 없는 것에도 정당성을 부여하기 위해 '브랜드'라고 불리는 어떤 명성이 필요한 그런 시대에 살고 있는 걸까요? '그저' 가게에 다녀오거나, 일상복으로 집 주변을 여유롭게 10분 정도 자전거를 타는 것이 갑자기 사과해야 할 일이라도 된 걸까요? 그리고 그것이 왜 그렇게 많은 사람들이 일상적인 라이딩조차 '훈련'이라고 부르기를 고집하는지 그 이유를 설명하는 데 도움이 될까요?

정말 바쁠 때, 특히 날이 짧은 겨울에, 저에겐 20분 정도의 여유밖에 남지 않을지도 모릅니다. 그러나 언덕이 많은 5킬로미터 정도의 지역을 한 바퀴 도는 데에 충분한 시간입니다. 예전이라면, 그런 종류의 짧은 라이딩에는 노력을 쏟을 가치조차 없다고 느끼며, 그건 중요하지 않다고, 자전거 탈 시간이 없다고 자신과 세상에 화가 나서 마구 발을 쿵쿵 구르고 다녔을지도 모릅니다.

하지만, 물론 충분합니다. 만약 제가 가진 시간이 20분뿐이라면 저는 그 시간을 활용할 겁니다. 잠깐이라도 자전거를 타는 것이 아예 타지 않는 것보다는 낫습니다. 집에서 일하는 게 축복이라는 점을 저도 잘 압니다. 많은 사람들이 주중에는 자전거를 탈시간을 내기가 쉽지 않습니다. 그래서 그들은 주말이라는 기회를 최대한 활용해야 한다는 압박에 시달리고, 스포츠 경기는 매년 이런 경향에 맞춰서 더 길어지고, 더 극단적으로 변하고 있습니다.

마음챙김은 현재의 순간을, 그 순간의 모든 사람들과 모든 것을 충분하다고 받아들이는 것입니다. 오늘 어떤 라이딩을 했건, 그걸로 충분합니다. 옷을 차려입거나, 번호를 매기거나, 모든 세부 사항을 기록하거나, 최고 개인 기록을 세우거나, 마지막에 무료로 가방을 받아야 할 필요가 없습니다. 현실이었다는 증거를 만들기 위해 영상을 찍을 필요도 없습니다. 중요한 건, 당신이 바로 그곳에 있었다는 사실입니다.

고통에 대한
명상

사이클리스트들은 고통을 좋아합니다. 사이클리스트들이 자신들의 육체를 극단으로 몰고 가고, 궁핍과 고통을 추구하는 데에는 반종교적인, 거의 숭배적인 무언가가 있습니다. 어느 일요일 아침이라도, 사이클리스트들이 자신들이 찾을 수 있는 가장 길고, 가파른 언덕을 오르는 모습을 쉽게 볼 수 있을 겁니다. 두 개의 바퀴 위에 실린 육체의 고행을 추구하는 현대식 참회자들입니다. 투르 드 프랑스 경기에서 세 번이나 우승을 했던 그래그 르몽드는 이런 질문을 받은 적이 있었습니다.

"자신이 최고 수준에 도달했다면 그때는 좀 가볍게 훈련해도 될까요?"

이 질문에 그는 다소 냉정하게 대답했습니다.

"가벼운 훈련이란 없습니다. 그저 계속 더 빨리 달려야 할 뿐이죠."

우리가 애지중지 아끼는 세계, 점점 더 가상의 세계로 되어가는 그곳에서는, 실제적이고, 폭력적인 신체의 노력에 우리 자신을 기꺼이 맡긴다고 많은 사람들이 말합니다.

고통과 황홀감

열심히 자전거를 타면 마음이 풍요로워지고 정화되기도 합니다. 생활을 본질적인 것으로만 축소시킵니다. 먹고, 마시고, 숨 쉬고, 땀을 흘리고, 살아남고. 비록 저의 모든 시간적 노력과 하루종일 걸린 대서사시를 이제 뒤로 하고 있지만, 모든 것을 거기 길 위에 남겨두었다는 걸 인식하며 집으로 돌아오는 것을 여전히 좋아합니다.

어떤 사람들은 힘들게 자전거를 타는 것과 마음챙김은 서로 배타적이지 않냐고 주장할는지도 모릅니다. 저는 꼭 그 반대가 진실이라고 생각합니다. 빈티지 자전거에 몸을 싣고 서두르지 않고 흔들흔들 천천히 달리다 보면, 제 마음은 이리저리 방랑합니다. 대화를 다시 시작해 보고, 시시껄렁한 시를 짓거나, 혹은 몇몇

노래 가사를 회상해 봅니다. 그러나 도로 주행용 자전거에서는 전적으로 그 순간에 존재해야 하고, 그것이 마음챙김이 의미하는 바입니다.

폭이 3센티미터도 안 되는 바퀴로 시속 40마일로 내리막길을 신이 나서 달리다 보면, 도저히 다른 것에 대해 생각할 수 없습니다. 열심히, 힘들게 자전거를 타는 건 호흡, 노면, 다리에 축적된 젖산, 페달을 일정하게 밟는 것, 페달을 밟을 때의 케이던스 등을, 자세, 노력, 라인을 지속적으로 미세하게 조정하며 의식한다는 걸 의미합니다. 명상과는 거리가 있는 것처럼 들릴지도 모르지만, '가파른 몇 개의 언덕을' 20분 동안 자전거를 타는 건, 집중력을 최대한 끌어올리고, 머리를 맑게 하고 자신과 세상을 연결하는, 제가 알기로는 가장 좋은 방법입니다.

우리가 진정 살아 있다는 신호

땀을 흘리지 않거나 맥박을 분당 몇 회 이상 올리지 않으며 자전거를 타는 건 완벽하게 가능할뿐더러 허용할 수도 있습니다. 그러나 그것은 우리가 의도한 것이 아닙니다. 다리가 불타는 것 같고, 폐가 애쓰며 고군분투하고, 모든 신경과 섬유가, 이것은 터무

니없으며, 쓸데없고, 멈추어야 한다는 생각이라도 할 수 있을 때 멈추라고 비명을 지릅니다.

그러나 이것은 우리 몸이 작동하고 있고 진정으로 살아 있다는 걸 말해 주는 긍정적인 신호입니다. 인간으로서, 우리는 노력을 하도록 창조되었고, 유전적으로 인내심을 갖고 버티도록 프로그래밍되어 있습니다.

그리고 자전거는 단순하게, 영광스럽게, 우리 안에 내장된 생물학적인 능력을 확대해 줍니다. 그 능력이 아무리 대단치 않아 보이더라도 말입니다. 일반적인 내연 연소 기관의 경우 단지 18퍼센트의 효율인 것에 비해, 변속기 기어는 98퍼센트의 효율로 에너지를 운동으로 바꿉니다. 시속 15마일로 속도를 고정해서 달리면, 자전거는 갤런 당 900 마일 이상을 산출하는 것으로 계산되었습니다. 물과 음식이 충분할 경우, 매우 건강한 사람이라면 자신이 달릴 수 있는 것보다 더 빠른 속도를 낼 수 있고, 거의 무기한으로 유지할 수 있습니다. 아주 가벼운 라이딩조차도, 승강기를 타는 대신 계단을 오르는 자신을 스스로 잘했다고 격려하는 사람들보다 리그에 출전할 수 있는 가능성이 훨씬 높다는 걸 암시합니다.

몸과 조화를 이루며

그러나 역설적이게도, 자전거가 제공하는 기계적인 장점이 자전거를 육체적 고통의 강력한 원인으로 만들고 있습니다. 우리와 달리 자전거는 고통, 피로감, 지루함을 경험하지는 않지만, 우리를 내려놓을 때까지 말 그대로 계속 움직입니다. 자전거는 신경도 쓰지 않는데, 마음은 속삭이고 있습니다. 왜 우리만 이렇게 지치는 걸까? 그래서 조금만 더 세게 페달을 밟고 싶은, 조금 더 멀리 가고 싶은 유혹이 언제나 도사리고 있습니다. 마음챙김으로 접근하면, 우리가 할 수 있는 것과 할 수 없는 것 사이에서 정확한 균형 지점을 찾게 됩니다.

그러나 이런 긍정적인 종류의 고통과 신체상으로 상해를 입는 것과는 같지 않다는 점에 유의하는 것이 중요합니다. 마음챙김 사이클리스트는 언제나 자신의 몸과 매시간 조화를 이루는 걸 추구합니다. 등, 목, 어깨 또는 관절이 보내는 경고 신호를 절대 무시하면 안됩니다. 사이클링은 피부를 까지게 하는 옷이나 크기가 잘못된 자전거에 당신 자신을 맡기지 않으면 힘겨운 운동입니다. 그것이 그야말로 고통입니다. 누가 그 고통을 사랑한다고 진심된 마음으로 고백할 수 있을까요?

자전거에 대한
이야기가 아니다

이 책은 소설이 아니지만, 여러분은 이 책의 주인공이 자전거라는 걸 아셨을 겁니다. 그래서 이제는 악당도 필요하고, 배경이 자전거의 세계이기 때문에 그 역할을 할 수 있는 사람은 실제로 단한 명뿐입니다.

전 랜스 암스트롱을 언급하고 싶지 않았었고, 아마도 당신은 그에 대해 알고 싶은 걸 전부 읽었을 겁니다. 그의 진정한 추종자로 저는 몇 년을 보냈고, 저의 믿음 때문에 처했던 곤란한 상황, 영예, 슬픔, 남의 불행에 대한 갖는 쾌감, 이 모든 것이 뒤섞인 품위로부터 그가 추락하는 걸 지켜보았다고 말하는 걸로 충분하다고 생각합니다.

그가 드리운 그림자는 스포츠 분야를 초월하여 오래 남아 있고, 좋건 나쁘건 그는 제가 '진지한' 사이클리스트로서 성장하는 데 중요한 시기에 막대한 영향을 끼쳤습니다. 저는 5년이나 기다려서 갖게 된 미국 우체국의 탄소 섬유 자전거를 아직도 간직하고 있는데, 그 자전거로 25,000마일 이상을 달렸습니다. 1999년 랜스 암스트롱은 커리어에 대한 재기를 투르 드 프랑스에서의 승리로 시작했는데, 그 이후 이 대회에서 그가 거둔 업적에 수백만 명의 사람들처럼 저도 큰 영감을 받았습니다. 승리와 구원에 대한 그의 이야기가 동화가 아닌 거짓으로 드러나면서 우리들 대부분은 결코 용서하지 못할 배신감을 느꼈습니다.

휴먼 드라마

그럼에도 불구하고, 한 가지 진실은 존중되어야 합니다. 그의 자서전 제목은《그것은 자전거에 대한 이야기가 아닙니다》인데, 솔직함과 인류애로 찬사를 받았으며 세계적 블록버스터이자 암스트롱 신화의 중심 기둥이 되었습니다.

암스트롱은 그 제목을 선택하면서, 하나의 이정표를 세웠습니다. 이것은 휴먼 드라마입니다. 이 저서는 책과 동명인 재단을 위해 수억 달러의 기금을 모금하도록 도왔을 뿐만 아니라, 정말로 자전거에 대한 얘기가 아니라는 것을 알게 되기까지 수년이 걸렸습니다.

그런데 만약 자전거에 대한 얘기가 아니라면, 그렇다면 무엇에 관한 얘기란 말일까요? 어떤 스포츠나 활동에 대해서도 같은 질문을 할 수 있습니다. 낚시질은 순전히 물고기를 잡기 위한 것일까요? 산을 오르는 건 그저 정상에 도달하기 위해서일까요? 책을 쓴다는 건 단지 종이 위에 출판사에서 요구하는 단어의 수를 채우기 위한 것일까요? 물론 '그렇지 않습니다'가 이 질문들에 대한 답입니다.

자전거 타기란 실제로 무엇일까요?

그래서 이 마지막 명상에서는, 특별한 순서 없이, 자전거 타기란 실제로 무엇인지에 대해 생각해 보려 합니다.

그것은 자유에 대한 얘기입니다. 자전거는 집, 직장, 핸드폰과 메일함의 구속으로부터 탈출할 수 있는 수단을 제공합니다. 일시적으로 레이더를 내려놓고 사라질 수 있는 기회입니다. 그것은 또한 감정, 육체의 감각, 우리 주변의 세계와 다시 연결되고, 이 모든 것을 인식하는 것입니다. 도전, 두려움, 한계를 뛰어넘어 극복하는 것입니다. 자전거 타기란 자립심과 독립심에 관한 것이며, 또한 다른 사람들과 어울리고, 낯선 사람과 만나는 것입니다. 어린애 같은 경이감을 되찾고, 시계의 바늘을 더 단순하고 더 순진무구했던 날들로 돌리는 것입니다. 자연 안에, 그 자연의 관점과 기간에 맞추어 존재하는 것이며, 계절이 길고 느리게 흐르는 걸 직접적으로 감지하는 것입니다. 물리 법칙에 새롭게 공감하고, 물리 법칙이 깨지지 않는 동안에도 그것을 굽힐 방법을 찾는 것입니다.

무엇보다도 자전거를 타는 것은 의식에 관한 것입니다. 현대 세계는 때때로, 끊임없는 방해, 압박, 요구와 기대들로 우리를 힘들게 합니다. 자전거는 우리가 집중할 만한 수많은 다른 것을 제공합니다. 다리가 어떻게 느껴지는지와 도로의 질감, 기온의 변화, 다가오는 차량, 흘낏 보게 된 야생동물, 변속기의 새로운 소리, 가파른 내리막길의 팽팽한 굴곡, 이 모든 것이 우리를 즉시 지금의 순간으로 돌아오게 합니다. 그리고 우리가 그런 현재의 마음챙김 상태에 있을 때, 다른 모든 것들은 그 배경 속으로 사라져 버립니다. 만약, 이 순간에, 자전거가 여전히 앞으로 움직이고 있다면, 내가 올라가지 못할 거라고 생각했던 언덕을 오르는 중일 겁니다. 만약, 이 순간에, 제가 매우 안전하게 달리고 있다면, 제가 두려워하는 교통 상황은 저에게 해가 되지 않을 것입니다. 이걸 깨닫게 되면 금방 회복할 수 있습니다.

그것으로 충분한

랜스에게는 승리만이 중요했습니다. 도로에서, 법정에서, 재정적으로, 개인적인 관계 내에서 그랬습니다. 우리가 세상과 우리 자신에게서 더 많은 것을 원하고 기대하도록 기업, 미디어, 사회는 끊임없이 우리를 독촉하고 있습니다.

자전거를 타면서 키울 수 있는 인식은 우리가 욕망과 고착된 사고 패턴에서 벗어나 사물을 조금 더 객관적으로 볼 수 있게 해줍니다. 비가 옵니다. 날이 매우 차갑습니다. 이 언덕은 가파릅니다. 저는 시간당 15마일의 속도로 여행 중입니다. 그 뿐입니다. 그 가치를 판단할 필요도 없고, 좋은 것과 나쁜 것, 옳은 것과 잘못된 것이 없습니다. 순간은 그것만으로 충분합니다. 다른 무언가가 더 필요할까요?

두 바퀴에 몸을 싣고 마음의 균형 찾기
자전거 타기 좋은 날 마음챙김 습관

초판 1쇄 발행 2021년 6월 25일

지은이 닉 무어 | **옮긴이** 최린
펴낸이 오연조 | **디자인** 성미화 | **경영지원** 김은희
펴낸곳 페이퍼스토리 | **출판등록** 2010년 11월 11일 제 2010-000161호
주소 경기도 고양시 일산동구 정발산로 24 웨스턴타워 T1-707호
전화 031-926-3397 | **팩스** 031-901-5122 | **이메일** book@sangsangschool.co.kr

ISBN 978-89-98690-51-9 03190

Mindful Thoughts for Cyclist by Nick Moore

© Quarto Publishing plc, 2017
First Published in 2017 by Leaping Hare Press, an imprint of The Quarto Group
All rights reserved.
Korean translation copyright © 2021 by Sangsang school Publishing Co. Ltd
Korean translation rights arranged with Quarto Publishing plc through EYA(Eric Yang Agency).

• 이 책의 한국어판 저작권은 EYA(Eric Yang Agency)를 통한 Quarto Publishing plc 사와의
 독점 계약으로 ㈜상상스쿨이 소유합니다. 저작권법에 의하여 한국 내에서 보호를 받는
 저작물이므로 무단전재 및 복제를 금합니다.

• 페이퍼스토리는 ㈜상상스쿨의 단행본 브랜드입니다.